아일랜드 이야기

1

아일랜드 이야기 1

초판 1쇄 발행 2025년 11월 14일

지은이 엘리샤 리
펴낸이 장길수
펴낸곳 지식과감성⁺
출판등록 제2012-000081호

교정 김지원
디자인 정윤솔
편집 정윤솔
검수 주경민, 이현
마케팅 김윤길

주소 서울시 금천구 벚꽃로298 대륭포스트타워6차 1212호
전화 070-4651-3730~4
팩스 070-4325-7006
이메일 ksbookup@naver.com
홈페이지 www.knsbookup.com

ISBN 979-11-392-2903-5(03810)
값 17,000원

- 이 책의 판권은 지은이에게 있습니다.
- 이 책 내용의 전부 또는 일부를 재사용하려면 반드시 지은이의 서면 동의를 받아야 합니다.
- 잘못된 책은 구입하신 곳에서 바꾸어 드립니다.

지식과감성⁺
홈페이지 바로가기

아일랜드 이야기

1

엘리샤 리 지음

4천7백 회 이상의 일상 기록 중
Canada Victoria 섬 이야기

지식과감성#

일흔여섯 해의 고백

　일흔여섯 해를 살아오며 내 삶은 기쁨과 슬픔, 희망과 좌절이 끊임없이 교차한 여정이었다. 한국전쟁이 발발한 지 2년 뒤, 세상에 태어난 어린 시절의 기억은 회색빛처럼 어둡고 차가웠다. 목숨을 위협받는 순간들도 있었지만, 그 모든 고비를 견뎌냈다. 결혼 후 아이들과 함께한 시간은 내 인생에서 가장 순수하고 빛나는 기쁨이었다.
　이제 인생의 끝자락에 서서, 남은 시간을 아름답고 의미 있게 채우고자 한다. 그래서 매일 그림을 그리고, 소소한 일상을 글로 남긴다. 앞으로 어떻게 사람들과 더 따뜻한 관계를 맺으며 살아갈 것인가, 그것이 나에게 주어진 마지막 과제다.
　나는 종종 사람들을 집으로 초대해 정성껏 음식을 나누고, 삶의 이야기를 함께 나눈다. 멀리서 마음의 위로를 찾아오는 이들도 있다. 그들의 이야기를 조용히 들어주고, 돌아간 뒤에는 "언제든 다시 오라"라는 문자를 보내며 인연을 이어간다. 이런 작은 소통이 내게는 크나큰 기쁨이자 보람이다.
　15년 전부터 써온 '아일랜드 이야기'는 내 일기이자, 동시에 우리 모두의 이야기다. 우리의 하루는 기쁨과 즐거움, 놀라움과 슬픔이 교차하는 순간들의 연속이다. 하루 동안 건져 올린 한 편의 이야기는 다시 오지 않을 소중한 선물이다.
　내 글을 읽는 사람들이 그 안에서 삶의 용기와 희망을 발견하기를, 그래서 서로의 길에 작은 빛이 되어주기를 간절히 바란다.

목차

서문 - 일흔여섯 해의 고백	4

My mom is a party girl

펄펄 뛰는 여자 4대	16
이자 붙는 인생	19
엄마 같은 나, 나 같은 딸	21
날라리가 잘 산다	23
엄마는 Party Girl	25
엄마의 거짓말	26
나의 DNA	28
울지 않던 엄마	30
Mom, you can do it!	32
할머니가 좋아!	34
반세기 만의 화해	35
손녀의 삼각관계	38
씩씩한 모델	40
부모의 땀방울	42

꼴찌면 어때	45
LGBTQIA2S+	46
누룽지 나눠 먹기	48
지원이의 50가지 할머니 사랑 이야기	50
나는 매일 엄마를 생각한다	54
딸과 함께한 배움의 시간	56

늙음에도 리듬이 있다

늙음에도 리듬이 있다	60
좋은 것만 생각하기	62
늙음의 무게보다 무거운 굴레	65
늙으면 놀라는 다섯 가지	67
뜻밖에 수영장 표지 모델이 되다	69
영어 공부	71
천재는 후에도 만들어진다	73
팔십에도 도전은 계속된다	75
팔순 할매 샌디	77
할매들의 문신 사연	79
'As is'로 받아들이기	81
고마웠다, 후회 없다	83
화성에서 죽고 싶다	85
침묵이 언제나 금은 아니다	87

아직도 나는 춤을 춘다	90
인생은 예측 불허	91
우짜란 말인가, 이 아름다운 정열	94
바람 속에 흘려보낸 것	96
다음 생애 소원들	98
Trophy of Life	100
젊은이들이 노인을 결코 따라오지 못하는 것	102

세상 잔치, 천국 잔치

세상 잔치, 천국 잔치	106
이것이 축복이다	108
종교가 사상보다 한 수 위다	110
불편한 진실	112
어린이 대통령	114
사탕 한 알의 사랑	116
Yes, I can do it!	118
우주의 먼지로 돌아가는 인생	120
착하게만 살지 마라	122
이 세상에서 가장 귀한 것	124
당근과 채찍	126
마음이 꼬인 사람들	128
찾아갈 집이 있다	130

이 땅에서 천국 만들기	132
하나님이 당신에게 무관심하다고?	134
네가 믿는 하나님 나도	136
나의 시작은 언제부터였을까?	138
이보다 더 좋을 수는 없다	140
하나님의 계획이었다고?	143

자연과 예술

같이 먹고 삽시다	146
사슴이 집어삼킨 꽃봉오리들	148
창밖 풍경	150
서정적인 하루	152
정원에서의 마주 이야기	154
무궁화	156
무질서 속의 한 가족	158
가짜와 진짜	160
스스로 내려놓기	161
고사리! 고사리!	163
시든 꽃 속에서 찾은 지혜	165
어우러져서 멋진 것	166
기우는 것이 더 아름답다	167
미완성 그림과 기다림의 미학	169

화가의 눈, 사업가의 눈, 과학자의 눈	171
해바라기, 그림과 생명의 연결고리	174
세월의 색	175
우리가 다 시인이 될 수 없는 이유	178
터널 후에 만나는 햇살	180

엘리샤라고 불러줘

그냥 엘리샤라고 불러줘	184
엘리샤가 넘넘 좋아요!	186
천국과 지옥 사이	188
백만장자보다 더 행복하다	190
낙하산 직원 사랑받다	192
'언니표 김치' 승승장구	194
이만하면 됐어, '토닥토닥'	196
나는 가끔 흐트러지기도 한다	198
돈타령	200
하루가 꽝일 때가 있다	202
좋은 남자, 나쁜 남자들	204
더위 속의 연민	206
착한 며느리들아, 시엄마에 주눅 들지 마라	208
공짜 공기 5분에 2달러	210
나이 듦의 지혜와 여유	212

음식과 건강에 대한 나의 생각	214
인간의 두뇌	216
지는 것이 이기는 것이다	218
화가들은 어떤 음식을 좋아할까?	220
백합 한 다발로 네 사람을 행복하게 하다	222

인생의 희로애락

할미꽃 이야기	226
빌 영감님	228
마지막에 웃는 자	232
그녀는 언제나 웃는다	234
관계 유지	236
96세 할아버지의 눈물	238
감동의 날	240
돈 모으기, 돈 쓰기	242
배꼽 피어싱	244
낀 세대의 고민	246
장군과 함께 춤을	248
약속을 지킨 사람, 신뢰를 얻다	250
매일 죽는 남자, 매일 매 맞는 남자, 매일 죽었다가 다시 사는 남자	252
등 밀어 드릴까요?	254
누군가에게 따뜻한 사람	256
이야기를 나눕시다	258

채우며 살아가는 인생

동행 있습니까?	262
시간을 채우는 지혜	264
삶과 죽음의 경계에서 배운 용기와 사랑	266
10 out of 10	269
우리에게 불행할 시간이 없다	271
존엄한 죽음	273
나락으로 떨어져 봐야 보이는 것들	276
Shall we dance?	278
인생 꼬였다고 너무 걱정 마시라	280
왜 우울하십니까?	282
시 두 편	284
길은 여러 곳에 열려 있다	285
왜 우나고 물어봐 주기	287
아프지 않은 사람이 어디 있으랴	289
음지와 양지	292
지금 시작하는 작은 습관의 힘	294
고생이 복이다	296
겨울을 견뎌야 봄이 온다	298
누군가의 불쏘시개가 되어	300

편집 후기	302
발문	304

My mom is a party girl

펄펄 뛰는 여자 4대

딸아이와 얘기하다 보면 언제나 폭소가 여기저기서 터진다. 딸은 일이 좀 한가할 때 가끔 한국 드라마를 본다. 드라마 속 한국 사람들의 언어 표현이나 감정 표출이 너무나 강한데 그걸 거르지 않고 이야기가 줄줄 쏟아져 나오는 것이 참 재미있단다. '정말로? 그게 재미있다고?' 내가 몇 번을 되물어도 딸은 똑같은 대답이다. 그래서 내가 "왜 그렇게 생각하냐?", "좀 무식해 보이고 예의 없어 보이지 않냐?"라고 물으면 딸은 이렇게 답한다.

"No, no, nope! Mom, that's the highlight, awesome! (아니, 아니, 엄마, 그게 백미야, 아주 멋져!)"

주로 싸움하는 장면을 말하는데, 예를 들면 이러하다. 두 여자가 이런저런 사연으로 한판 말싸움이 시작되면 일단 소리부터 지른다든지, 목소리 볼륨을 올려놓고 시작해야 이긴다든지, 어떻게 하든지 남이 약 오르는 말을 골라서 찰떡 치듯이 쏘아붙인다든지, 머리끄덩이를 서로 잡아당긴다든지 하는 장면은 이 세상 어느 나라에서도 볼 수 없다는 것이다. 동네 여자들이 입을 삐쭉거리고 눈을 흘기며 남 흉보는 수다도 엔도르핀이 마주 분출되는 장면이란다. 서양 사람들은 동네 사람들과 이처럼 끈끈한 관계를 맺을 수 없다. 똘똘 뭉쳐 사는 한국 사람들만의 특유한 문화는 어느 나라 사람도 따라 할 수 없을 것이다.

딸은 100% 한국말을 다 알아듣지는 못해도 자막을 통해서 이런 야물딱지고 건방지고 때로는 속이 후련한 반전의 말투까지 아주 재미있게 본다고 한다. 다른 서양 사람들이 지금 한국 드라마에 빠지는 이유도 바로 그런 것 때문이라는데 이런 말은 내가 수영장 할매들한테도 종종 듣는다. 내가 가끔 얘기하는 조이스 할매는 요즘 잡채와 떡볶이도 직접 만들어 먹었다면서 자랑을 늘어놓곤 한다.

딸은 이런 드라마의 말들이 조금은 무식한 말투로 비치기는 하지만 이런 말을 들을 때 사람들은 카타르시스를 느낀다고 말한다. 딸아이도 결혼 처음 몇 년간은 대화 중에 갑자기 큰 소리로 펄펄 뛰곤 했는데 그럴 때마다 사위가 깜짝깜짝 놀라는 일이 한두 번이 아니었다고 한다. 세월이 흘러 이제는 '한국 사람들은 원래 펄펄 뛰는 기질이 있구나!'라면서 웃고 넘긴다고 한다. 딸아이 말로는 손녀 지원이도 한국 피가 더 많이 섞여서인지 자주 소리를 꽥꽥 지른단다.

"이게 다 엄마한테서 대물림받은 거야."

"내가 왜?"

"엄마는 자타가 공인하는 '펄펄 여사'잖아. 그 피가 어디 가겠어?"

펄펄 여사. 우리는 이 말에 배꼽이 빠지도록 웃었다. 엄마의 펄펄 끓는 한국인의 피가 자기랑 조카 지원이한테까지 줄줄이 힘차게 흘러 뛴다며 은근슬쩍 유전자에게 탓을 돌린다.

"아니, 얘, 그럼 그건 엄마 탓이 아니지."

딸아이는 눈이 휘둥그레지며 나를 빤히 쳐다본다.

"너도 알다시피, 네 외할머니는 더 펄펄 뛰셨잖아."

"그럼 우린 펄펄 뛰는 여자 4대?"

하하하! 말을 끝맺기도 전에 우린 웃음 버튼이 또 터져 버렸다.

우리 한국인의 펄펄한 피, 펄펄 뛰는 한국 여자 4대의 무궁한 발전을 기원한다.

이자 붙는 인생

딸아이가 연휴를 맞이하여 사위와 함께 유럽으로 여행을 떠난다고 전화가 왔다. 통화를 끝내고 돌아서는데 '띵~' 하고 울리는 컴퓨터 알림 소리. 뭔가 싶어 열어보니 내 용돈이다. 매주 딸아이가 보내오는 용돈, 바빠서 잊을까 싶으면 다음 주 치까지 두 배로 보내온다.

우리 엄마가 살아 계실 때 나는 돌아가시는 달까지 엄마에게 용돈으로 매월 100불씩을 어김없이 드렸었다. 그 당시 내 월급이 1,800불이었다. 이래저래 빼고 나면 1,500불 남짓. 십일조 180불을 떼고 엄마 용돈 100불을 드리고 나면 자동차 보험과 기름값, 가끔 고장 나는 헌 자동차 수리비로 전전긍긍할 때였다. 엄마는 집 안에만 있는데 돈이 필요 없다고 하셨지만, 나는 딸로서 할 일을 하고 싶었다.

우리 딸이 매월 내게 보내오는 용돈은 내가 엄마에게 드린 액수의 열두 배다. 이렇게 남는 장사가 어디 있을꼬? 주위에 여기저기 투자하다가 낭패 보는 사람이 한둘이 아니다. 부모에게 투자한 금액이 이렇게 이자에 이자가 붙어 돌아오는 줄을 오늘에야 깨달았다. 하나님은 우리의 행함을 기억하시고 이처럼 계산해 주신다. "이럴 줄 알았으면 그때 200불 해드릴걸." 혼잣말에 속으로 '헤헤헤' 웃어본다.

언제나 자기를 잘 길러주었다며 고마워하는 딸. 자기의 어린 시절은 누구에게도 자랑할 만큼 행복했다고 늘 자신감을 가지고 살아가는 딸. 지금 힘들어도 정직하고 성실하게 살아가다 보면 언젠가는 보상받는다. 이자까지 붙여서.

엄마 같은 나, 나 같은 딸

우리의 공통점: 다 여자다.

우리의 단점: 무슨 일이 생기면 참을성 없이 펄펄 뛴다.

우리의 장점: 오늘 일을 내일로 미루지 않는다. 재미있게 산다. 파티를 즐긴다.

우리의 특이한 점: 길 가다가도 어디에서 흘러나오는지도 모르는 음악 소리를 들으면 막춤을 춘다. 뭔가 일을 잘 벌인다. 그렇다고 절대로 남에게 피해 주는 일은 절대 아니다.

우리 엄마의 삶은 고달팠지만, 그런 삶 속에서도 늘 해학적이셨다. 사람들이 집에 오면 둥그렇게 둘러앉아 좌중을 웃기면서 분위기를 고조시키곤 하셨다. 엄마는 가끔 주말에 시간이 나면 우리를 둘러앉히시고 한 명씩 일어나 노래를 부르게 해서 용기를 길러주셨다. 두 아이의 엄마가 된 나 역시 주말이면 아이들과 함께 흥 돋우는 일을 빼먹지 않았다. 토요일 밤이면 아들은 드럼을 치고, 딸아이는 어설픈 피아노 건반을 두드리며, 나는 거기에 맞춰 엉덩이를 흔들고 흥겹게 놀았다.

요즘 들어 부쩍 엄마 생각이 많이 난다. 엄마 생전에 더 자주 이야기 나누지 못한 것이 후회스럽다. 엄마가 살아오신 얘기를 더 들어두고 기록해 두지 못해서 못내 아쉽다.

어제는 끙끙거리면서 배추 한 박스로 김치를 담그고 막바지 부엌 정리에 시간 가는 줄도 몰랐다. 하숙샘이 나와서 허리 아픈 나를 도와 부엌 바닥을 닦으면서 말했다.

"참 못 말려 여삽니다. 아무도 못 따라가요. 아픈 사람 맞나요?"

"오늘 일을 내일로 미루지 말라는 엄마 때문이에요."

"나도 그런 엄마가 있었으면 좋았을걸….'

딸아이의 삶을 들여다보면 어딘지 모르게 나를 닮아 있다. 딸아이는 주말이면 시댁 식구들을 초대해서 저녁을 함께 먹는다. 서로 다른 문화권의 시댁이지만 잘 어울리며 사는 것을 보면서 그 털털한 성격이 어딘지 모르게 나를 닮아 있다. 내가 우리 엄마를 닮아 있듯이.

날라리가 잘 산다

 딸아이가 직장을 옮겼다. 이번이 자기의 마지막 직장이란다. 딸은 오래전부터 은퇴 나이를 55세로 잡았는데 몇 년만 더 있으면 그 나이가 된다. 딸은 지난 몇 년 동안 자기 남편이 사장으로 있는 회사에 스카웃되어 일했었다. 그 당시 사위는 딸의 도움이 절실히 필요해서 마누라에게 SOS를 쳤었고 이제는 딸이 빠져나와도 될 만큼 회사가 잘 돌아가게 됐다고 한다.
 딸아이가 옮겨 간 새로운 회사는 신제품을 출시한 회사인데 천재 대학생 두 명과 의사 한 명의 발명품이란다. 그것은 바로 반지가 손가락에 꽉 껴서 빠지지 않을 때 쉽게 빠져나오게 하는 기구다. 그게 뭐 그리 대단한가 싶었는데 딸아이 말이 반지를 손가락에서 못 빼내서 병원에 가는 사람들이 생각보다 많다는 것이다. 헉!
 나는 손가락에 반지 안 낀 지가 오래되어 실감이 나지 않지만, 딸아이 얘기를 들어보니 손에 살이 많이 오른 사람이 무심코 살다가 어느 날 반지가 손가락에 꽉 껴서 옴짝달싹 못 하게 되고 응급실에서도 반지 빼는 일은 그리 쉬운 일이 아니란다.
 딸아이가 들어간 회사에서 신기한 작은 기계를 두 가지 개발했다. 하나는 크기가 작은 혈압기 정도인데, 이 기구에 반지 낀 손가락을 대고 있으면 손가락이 잠시 줄면서 쉽게 반지를 빼내는 원리라고 한다. 그리고 다른 하나는 반지를 직접 자르는 기구인데 어떤 강력한 반지라도 안전하게 자를 수 있다니 신기할 따름이다.

딸아이는 지금까지 새로 나오는 의료 소품 세일즈를 특별나게 잘해 왔는데 딸아이가 살고 있는 핼리팩스에서는 이미 소문이 나 있는 모양이다. 내일부터 미국 출장이 잡혀 있는데 이 기구들은 여러 병원에서 이미 상당수 팔려나가고 있단다. 딸아이는 돈 많이 벌 생각보다는 여기저기 여행 다니면서 지루하지 않게 사는 것이 목표란다.

초등학교 때 피아노 연습한답시고 미리 녹음해 놓은 걸 틀어놓고 아래층에서 TV만 즐겨보던 딸아이. 나는 위층에서 부엌일 하면서 딸아이가 언제나 '뚱땅뚱땅' 피아노 연습을 잘하고 있는 줄만 알았다. 완전 속았다! 공부하기 싫으면 땡땡이치면서 테니스 치러 가고, 부모 사인이 필요한 학교 서류에 엄마인 내게 말도 없이 자기가 사인을 해 가던 아이. 학교 가기 싫으면 아침에 전등불에 이마 갖다 대고 열 오르는 것 같다고 제 엄마를 속이던 아이. 이런 딸아이가 시집가서는 시어머니에게 '효도 잘하는 한국 며느리'라고 칭찬받고 있다.

나는 예나 지금이나 모두 딸아이와 절친이다. 딸아이도 심심할 때 친구한테 전화 안 하고 나하고 오래 통화하는 것이 훨씬 재미있다고 너스레를 떤다. 고마운 나의 딸.

엄마는 Party Girl

"Hi, Mom! What are you doing?"
"Hey, 딸내미, I am throwing a party."
"Oh, okay. Hmmm. Never ends. Have fun!"

내가 사람들을 초대해서 파티에 한창일 때 딸아이한테서 전화가 오면 딸은 꼭 이렇게 마무리 멘트를 날리고 수화기를 내려놓는다.

'엄마가 가는 곳에는 언제나 파티가 열린다. 엄마의 파티는 끝이 없다. 엄마는 아마도 파티하기 위해 태어난 사람인지도 모른다.' 뭐 이렇게 혼자 중얼거릴 수도 있겠지만 이렇게 태어난 사람은 이렇게 살아야 제명대로 사는 것이다. 추욱 처져서 이리저리 흔들거리며 '슬프다, 외롭다, 죽고 싶다'라고 웅크리고 살면 명만 짧아진다.

이리하여 어제도 교회 신혼부부 팀을 초청해서 파티를 열었다. 물론 미리 계획한 일이었다. 아프거나 한국 가서 못 온 두 가정 빼고는 신혼부부들이 다 모였다. 신실한 믿음 안에서 두 사람이 행복하게 살아가는 모습을 보니 참 보기 좋았다. 이러니 내가 파티를 안 벌일 수가 있나!

엄마의 거짓말

서랍 정리하다 앨범 속 엄마 사진에 눈이 꽂혔다. 오늘은 엄마가 또 무슨 추억을 소환해 주실까….

엄마가 거짓말하는 것을 처음 알았을 때는 내가 한국 나이로 일곱 살 때였다. 한국 전쟁 후 누구나 할 것 없이 궁핍했고 밥 먹기도 힘들어 여자아이들은 식모살이로 남자아이들은 깡통을 차고 밥 얻으러 다니던 시절이었다. 그날은 부산에서 완행열차를 타고 서울로 가는 길이었다. 그 당시 일곱 살부터는 기차표 반값을 내야 했지만 돈을 아끼려던 엄마는 나를 여섯 살로 만드셨다. 서울이 가까워져 오니까 엄마는 내게 '너는 여섯 살이다. 너는 개찰구 아저씨가 물어보면 여섯 살이라고 말해야 한다'를 수없이 되새기셨다. 나는 단박에 그것이 거짓말이라는 것을 알았지만 아무 말도 못 하고 그러겠노라고 고개만 끄덕였다. 머리를 끄덕이기는 했지만, 그때부터 나는 불안하기 시작했다. '개찰구에서 아저씨가 나를 붙잡아 가면 어떡하나' 심장이 두근두근 콩당콩당 제멋대로 날뛰었다. 드디어 서울역 도착. 엄마는 내 손을 꽉 붙든 채 종종걸음으로 개찰구를 빠져나가려 했다. 그때 기차표를 수거하던 아저씨가 엄마를 향해 큰 소리로 물었다.

"아주머니, 얘는 몇 살이에요?"

"갸는 여섯 살입니더."

"아니, 여섯 살 아이가 이렇게 커요?"

"허허, 와 이래 샀노? 너무 아 키 큰 기 무신 죄요? 갸는 날 때부터 키가 컸소. 학신아, 얼른 온나!"

뭐라 대답을 하려 생각을 모을 틈도 없이 내 손을 우악스럽게 끌어당기는 엄마의 거친 손에 이끌려 이미 개찰구 밖으로 빠져나가고 있었다. 나는 뒷골이 오싹오싹, 두 다리가 후덜후덜, 오줌 마려운 똥강아지인 양 안절부절못했지만, 엄마는 개찰구 아저씨를 이겨 먹고 나는 공짜 기차를 타고 서울이라는 곳에 발을 들여놓았다.

칠십 년이 다 되어 가는 아주 오래전 일화지만, 나는 이 일이 어제 일처럼 떠오른다. 슬프기도 하고 우습기도 한, 몇 번을 꺼내 봐도 또 지겹지 않은 추억거리다. 그때는 남자들의 무임승차도 빈번해서 화장실에 숨기도 하고, 의자 밑에 기어들어 가기도 하고, 기차가 멈추면 얼른 내려서 검표했던 칸으로 잽싸게 갈아타기도 했다. 그 당시 기차는 모두 완행열차라 서울과 부산이 열두 시간이나 걸리는 정말 지루한 길이었다. 그나마 자리에 앉으면 다행이지만 그렇지 않으면 하루의 반을 꼬박 서서 가야 했다.

고단한 삶에도 힘든 내색 없이 그렇게 씩씩하게 살다 하나님 곁으로 가신 울 엄마가 나는 오늘도 보고 싶다. 고사리손을 그렇게 우악스럽게 잽싸게 끌어 잡아당기셨던 엄마의 그 거친 손이 그립다. 다시 한번 내 손을 그렇게 잡아당겨 줄 수 있다면 얼마나 좋을까.

나의 DNA

내가 하는 일 중에서 가장 행복한 시간이 그림 그리는 시간이다. 요리도 좋아하고 글쓰기와 책 읽기도 좋아하지만, 캔버스 앞에 앉으면 마음이 차분해지고 물감을 짜고 잘 닦아 놓은 붓을 들고 색을 찍을 때는 어린아이처럼 마음이 구름을 탄 듯 부웅 떠오른다. 어쩌다 다른 일이 많아서 작은 캔버스에라도 그림을 못 그리고 잠자리에 드는 날은 하루를 허탕 친 것처럼 서운하다.

내가 어린 시절부터 그림을 그릴 수 있었던 건 아니다. 그때는 여간 부잣집이 아니고서는 그림 그리는 것을 엄두도 못 냈는데, 나 역시 우리 집이 부잣집이 아니어서 고등학교 시절에 미술반도 못 들어갔고 미술대학은 감히 꿈도 꿀 수 없었다.

나의 그림 소질은 아버지로부터 물려받았다. 그렇다고 아버지가 화가셨던 것은 아니다. 엄마 말씀으로는 가난한 집 형편에 아버지도 그림을 배우지 못한 것이 한이었다고 한다. 나는 아버지한테서 경제적인 혜택을 한 푼도 받아보지 못하고 살았지만, 아버지의 재능을 물려받은 것으로 평생 감사하기로 했다.

엄마는 동네에서 별명이 장군이었는데 어디를 가나 새로 만나는 사람들이 엄마를 조금 알게 되고 나면 곧 '장군' 호칭을 붙여 주곤 했다.

엄마는 어려운 형편에도 사람들을 집으로 불러 같이 밥 한 끼 나누는 것을 좋아하셨다. 동네 음악이 흘러나오면 스스럼없이 몸을 흔들며 춤을 추실 만큼 흥도 많으셨다. 빨래하시다 고달픈 날엔 다 덮어놓고 극장으로 달려가 스트레스를 확 풀고 오신 후 다시 빨래를 해치우시던 모습이 아직도 어제 일처럼 그려진다. 엄마는 또 유방이 남달리 커서 도드라졌었는데 지금 태어나셨다면 육체파 여배우쯤 하지 않았을까 싶다. 그러고 보니 엄마는 다음 생이 있다면 꼭 배우로 태어나고 싶다는 말씀을 가끔 하셨다. 육체파 배우 배계주!

  나는 이런 두 분의 DNA를 모두 받았으니 엄청 행운아다. 나 또한 무엇이든지 생각나면 주저 없이 실천하게 되고 또 하게 되면 재미있는 구상이 꼬리에 꼬리를 달고 떠오른다. 이런 것들이 내 재주가 아니라, 첫째는 하나님께서 내게 능력을 부어 주시는 것이고 다음으로는 부모님한테서 물려받은 것이니 자랑할 것이 못 된다. 무엇을 잘 못하는 사람도 흉보아서는 안 되고 잘생기고 머리 좋은 사람도 너무 우러러볼 일 아니다. 다 DNA 덕분이거늘!

울지 않던 엄마

엄마는 1912년생이다. 지금까지 살아 계셨다면 111세가 된다.

엄마는 결혼해서 아이 셋을 낳았을 때 복음을 받아들이셨다고 한다. 험난한 세월을 신앙의 힘으로 흔들리지 않고 든든히 잘 살다 간 강한 분이셨다. 남이 보면 그저 평범한 여자의 삶으로만 보이겠지만 나는 울 엄마를 훌륭한 여성으로 치켜세워 드린다. 그 이유는 여기 있다. 아무리 고생스러워도 평생 자식들 앞에서 울지 않으셨던 엄마다. 먹고 사는 것이 치열해서 새벽부터 밤중까지 몸을 움직여야 했지만, 주일 성수와 수요예배 그리고 새벽기도를 빼놓지 않으셨다.

울 아버지는 내가 열두 살 때 돌아가셨다. 병명은 아마도 술병이었지 싶다. 우리 가족 아무도 막내인 내게 아버지의 병명을 알려주지 않았지만 3년간 방에 누워만 계시다가 돌아가셨다. 그날은 추운 겨울 12월이었다. 화장터에서 울고 있는 내게 엄마는, 짧고 단호히 말했다.

"울지 마라! 눈물도 아깝다!"

아버지의 죽음을 슬퍼하는 열두 살짜리 딸아이에게 하신 엄마의 단호한 그 한마디를 나는 지금까지도 또렷이 기억한다. 남편이 평생 속을 썩이다 죽었을 경우라도 아내는 그냥 땅을 치고 통곡하는 것이 보통의 상갓집 모습인데, 울 엄마는 남편의 죽음 앞에서 울지 않으셨고 자식들도 눈물을 흘리지 못하게 하셨다. 엄마는 세상과 맞닥뜨려 열심히 싸우며 살다 가셨다. 그리고 죽음 앞에서도 당당하게 코에 주렁주렁 달린 줄을 손수 다 빼고 "어서 가야지. 하나님이 내 이름을 깜빡하셨나 보다" 하시면서 옆집 나들이 가듯이 편하게 운명하셨다. 엄마의 죽음은 슬프지만 거룩했다.

  주일인 오늘 예배를 보면서 생각했다. 믿음이 있다는 것이 얼마나 행복한가! 내 생에 커다란 보험 하나 들어놓은 것이니 정신적으로도 육체적으로도 든든하다. 엄마도 그러셨을 것이다. 그 혹한의 겨울에도 벌벌 떨면서 시장 바닥에서 장사를 하시고, 무더위를 이겨내며 찬송을 부르시던 엄마. 엄마도 그 큰 보험이 있었기 때문에 견디며 사셨을 것이다. 울지 않던 엄마, 그 뒤에는 든든한 하나님의 백이 있었다. 멋진 엄마, 멋진 하나님 모두 모두 사랑합니다.

Mom, you can do it!

목적지가 어딘지도 모르는 길을 가다가 낭떠러지에 다다랐다. 머리에는 먹을 것을 한 광주리 이고 있는데 발아래 맞닥뜨린 것은 시퍼런 바다다. 수많은 사람들이 꼬리를 물고 늘어서 있는데 하필 내가 제일 앞장서 있다. 진퇴양난. 그렇다고 뒤로 물러설 수 없고 선택은 오직 한 가지. 바다를 향해 걸음을 내디뎌야만 한다. 다행히 발아래 사닥다리가 눈에 들어온다. 그러나 첫발을 내려놓기엔 거리가 너무 멀다. 감히 다리를 뻗칠 용기가 없다. 멀찌감치 보이는 사닥다리는 공포 그 자체다. 우짜면 좋을꼬…. 그 순간 등 뒤에서 딸아이의 커다란 음성이 메아리쳐 들려온다.

"Mom, you can do it!"

그 소리를 듣는 순간 사닥다리를 흘겨보던 두 눈을 질끈 감고 후덜거리는 두 발을 움켜 모은 채 무작정 뛰어내렸다. 발이 사닥다리에 닿지 못하면 죽음만이 기다리고 있을 뿐. 다행히 나는 사닥다리 첫 칸에 다리를 고정시켜 조심조심 내려왔다. 그런데 느낌이 좀 이상하다. 아, 꿈이었다!

전화기를 켜니 오후 10시 30분. 엄청 긴 잠을 잔 것이다. '이크, 이걸 어쩌나! 컴퓨터 선생과 10시에 Hillside Mall 커피숍에서 만나기로 했었는데!' 그사이 선생님은 30분이나 나를 기다렸고 내게 전화도 여러 번이나 걸었다. 그 외 여러분한테서 카톡이 들어와 있다. 헐, 헐, 헐. 내가 선생님께 죄송한 마음으로 여러 번 전화를 걸었으나 이번에는 선생님이 대답이 없다.

꿈에 사닥다리 잡느라고 너무 용을 썼는지 왼손 검지와 중지 사이와 그 아래 손바닥이 벌겋게 부어서 오늘 내내 손동작이 힘들었다. 흐흐흐, 꿈과 현실이 너무 리얼하게 조합되는 엘리샤의 삶.

"딸아, 네 엄마를 너무 과대평가하지 말아다오. 오늘 왼손을 잘 쓰지 못해 힘들었단다."

할머니가 좋아!

아들네는 미국 시애틀에 산다. 나는 일 년에 한두 차례 아들 집을 다녀온다. 오늘은 오후에 손녀 지원이와 함께 쇼핑을 나갔다. 굽이 높은 부츠와 옷 두 벌을 사주었다. 손녀는 할머니도 멋진 옷을 사 입으면 좋겠단다.

지원이와 하루 종일 놀다 보니 정신이 하나도 없다. 낮에는 내게 전신 마사지를 해주었다. 로션 네 종류를 가져와서 고르라고 하더니 내 몸 차곡차곡 꼭꼭 눌러서 마사지를 해준다. 침대 위에 드러누워서도 해주고 의자에 앉혀서도 해 준다. 허허허, 고것 참 얄밉도록 귀엽네! 내가 자기와 똑같이 행동하고 비위를 맞춰주니까 종일 졸졸 따라다닌다. 아빠가 어디 가자고 해도 "할머니랑 집에 있을래요"라며 아빠를 따 돌린다. 허허허… 고것 참 귀엽네. 속으로 흐뭇해했다.

지원이가 자기 방에서 작은 소프트볼 두 개를 들고 왔다. 이걸로 뭘 하려는 거지? 말을 꺼내기도 전에 뜬금없이 내 웃옷 안으로 손녀의 작은 손이 꼬물꼬물 올라온다. 그러더니 그 소프트볼 두 개를 내 유방 가까이에 끼워 넣는다. 고무줄로 흘러내리지 않게 고정까지 시켜가면서. 자기도 공 두 개를 가슴에 넣고 까르르 웃는다. 우리 둘이 정신없이 웃어대며 놀았다. 이제 겨우 아홉 살. 워메, 사춘기가 너무 빨리 왔나 보네!

반세기 만의 화해

내 나이 오십이 되던 해 어느 날이었다. 그림을 그리던 중, 나는 혼잣말로 중얼거렸다.

"내가 좀 더 일찍 그림을 시작했더라면, 지금쯤 유명한 화가가 되었을 텐데…."

그때 어머니께서 내 말을 들으셨는지, 갑자기 한마디 하셨다.

"하이고, 지 애비 같은 소리를 하네."

나는 깜짝 놀라며 어머니께 물었다.

"아버지도요?"

그날, 어머니는 처음으로 내게 아버지도 젊은 시절에 그림을 그리고 싶어 하셨다는 이야기를 들려주셨다. 아버지는 평소에 자신의 재능을 살려주지 않은 부모님을 원망하셨다고 한다. 하지만 나는 막내라 그런 이야기를 전혀 몰랐다.

불행하게도 나는 아버지와 깊은 대화를 나눠본 기억이 없다. 내가 중학교 2학년 때 아버지는 돌아가셨고, 어릴 적 아버지에 대한 기억은 단 한 장면도 떠오르지 않는다. 아버지는 늘 집에 없었고, 결핵에 걸려 집으로 돌아왔을 때도 3년간 늘 누워 계셨다. 아버지에 대한 기억이 거의 없기에 특별히 싫거나 좋은 감정도 없었다. 하지만 나에게 연필

한 자루도 사주지 않았던 무능한 아버지는 오랫동안 원망의 대상이었다. 그런 아버지를 용서하게 되는 일이 일어났다.

나는 그림에 대한 열정을 놓치지 않고 있다가 우연한 기회가 있어서 나이 쉰 살에 그림을 그리기 시작했다. 그날은 내가 다니던 미국 LA의 어느 화실에서였다. 무더운 여름날, 화실에는 나 혼자뿐이었다. 이마와 목덜미에 땀이 맺히며 나는 그림 그리기에 열중하고 있었다.

"학신아."

조용한 화실에서 갑자기 누군가 내 이름을 불렀다. 생전에 들어보지 못한 남자 목소리가 나지막하게 들려왔다. '화실에 나 혼자인데 잘못 들었겠지' 하고 다시 그림에 집중했다. 그런데 잠시 후, 아까와 똑같은 음성이 또다시 내 귓가에 들려왔다. 이번에는 붓을 내려놓고 주위를 둘러보았다. 하지만 여전히 화실에는 나밖에 없었다. 그 순간이었다!

"우리 학신이, 그림 잘 그리네. 너는 꼭 훌륭한 화가가 될 거야. 아버지가 미안하다."

이런 조용한 음성과 함께, 누군가가 내 머리를 쓰다듬는 듯한 느낌이 들었다. 나는 어릴 적에 아버지의 목소리를 제대로 들어본 적은 없었지만, 이건 분명 돌아가신 아버지의 영이 나를 찾아온 것임을 직감할 수 있었다. 나는 놀라고 무섭기도 해서 그 자리에서 주저앉아 버렸다. 그리고 나도 모르게 가슴이 벅차오르며 한참을 흐느끼며 울었다.

그날, 나는 아버지를 용서했다. 아버지는 비록 생전에 나에게 잘해 주지 못했지만, 사후에라도 나에게 용서를 받기 위해 찾아와 주셨다. 그날은 아버지께서 내게 화가의 피를 물려주셨다는 것을 감사하게 느낀, 잊지 못할 날이었다. 그렇게 우리는 오십 년 만에 화해했다.

내 그림 속에는 언제나 아버지가 계시고, 그리움과 애증이 담겨 있다. 오늘도 나는 그림 속에서 아버지를 만나고 헤어지며, 꽃밭과 과수나무 밑, 바다와 하늘, 온 우주 속에서 아버지와 나누지 못한 정을 느낀다. 하나님은 내 어린 시절의 슬픔을 위로해 주시며, 그림을 통해 영원히 멀리만 느껴졌던 아버지와의 연결고리를 이어주셨다. 아버지, 용서합니다. 그리고 고맙습니다.

손녀의 삼각관계

지난주에 손녀 지원이가 학교에서 돌아와 시 한 수를 썼다며 아들이 보내왔다.

Me, Mia, & Aria

We all have similarities,

yet we also have so many differences

Say There's a Rose…

But a bad Rose

Today Aria made Linus stick out tongue @ me,

That is a thorn which is little but,

the stem is the conflicts we have been

having for the past 3 1/2 months which is big though, the

Rose bud is my heart & very few

petals are left.

나, 미아, 그리고 아리아

우리는 모두 비슷한 게 더러 있어.

하지만 우리는 차이점도 많이 가지고 있지.
장미가 있다고 쳐.
아주 고약한 장미야.
오늘은 아리아가 놀리며 내게 혀를 내밀었어.
그건 작은 가시에 불과하지만
그 줄기는 지난 세 달 반 동안 우리가 겪었던 갈등만큼이나
굵다 하겠어.
장미꽃 봉오리는 내 마음, 그리고
겨우 꽃잎 몇 장만 남았네.

  손녀의 시를 읽고 또 읽었다. 열 살 소녀의 마음으로 다가가 보았다. 손녀는 미아와 일찍부터 친했는데 어느 날 아리아가 끼어들면서 셋이 되었다. 어디서나 셋은 위험하다. 서로 한 사람을 빼앗으려고 못난 짓을 한다. 상처받은 손녀의 마음이 아리다. 장미의 굵은 줄기를 자신의 고통에 비유한 대목에서, 마지막 구절인 장미꽃 봉오리는 내 작은 마음이고 남은 것은 꽃잎 몇 장뿐이라는 대목에서도 손녀를 어루만져 주고 싶은 할미의 마음이, 할미의 두 손이 자꾸 손녀에게로 뻗친다.
  그렇다. 우리는 사랑하고 배반당하고 또 모함도 받고 산다. 이런 감정을 시로 표현할 수 있는 손녀, 그리고 그 시를 부모에게 보여줄 수 있는 아들네 가정의 분위기, 이 모든 것이 아름답다. 성큼성큼 커가고 있는 손녀가 탈 없이 계속 잘 자라나 주기를 바라는 할미의 마음이다.

씩씩한 모델

딸 트리샤가 열일곱 살 고등학교 다닐 때 학교 축구팀에서 활동했었는데 어느 잡지사의 광고 모델로 활동한 적이 있다. 모두 운동복과 운동화 등 스포츠용품 광고들이다. 모델이라면 예쁘고 야시시해야 한다는 것이 통념이지만 그렇지 않은 경우도 있다. 개성 있고 활발한 포즈를 원하는 곳에서는 그 회사의 이미지에 맞는 차별화된 사람을 모델로 픽업하는데 바로 우리 딸아이가 그런 경우다.

낮에 딸아이로부터 "Mom, Your daughter is famous again.

ha ha ha"라며 카톡이 들어왔다. 'Mezza Lebanese Kitchen'이라는 식당은 딸아이가 사는 Nova Scotia에 있는 프랜차이즈 식당이다. 이 식당의 메뉴는 건강식이라서 딸아이가 바쁠 때 자주 찾는 곳인데, 평소 딸아이를 눈여겨보던 식당 사장님한테서 연락이 와서 광고를 찍었다고 한다.

 딸아이는 72년생이고 화장은 거의 하지 않는다. 캐나다 동부 New Brunswick에서 살던 대학 시절에는 고속도로 가에 설치된 커다란 광고판에 자기 얼굴이 광고 모델로 나오기도 했다. 그 도로를 지나가다 자기를 알아보는 사람들이 모두 한마디씩 거들었단다. 사람들이 자기의 건강미의 비결을 묻는단다. 딸아이는 초등학교부터 고등학교 때까지 기계체조, 축구, 농구, 테니스 등 운동선수로 활약했다. 딸아이는 운동을 즐길 줄 안다. 운동으로 단련된 근육이 빠지지 않게 지금까지 꾸준히 체육관에 다닌다.

부모의 땀방울

　손녀 지원이의 축구 시합이 있는 날이다. 아들이 이 팀의 코치여서 아직 두 살 반밖에 안 된 손자 터너를 데리고 가지는 못한단다. 내가 데리고 갈 수는 있지만 터너가 눈 깜짝할 사이에 운동장 안으로 뛰어 들어가기 때문에 내 힘으로는 그 녀석을 붙잡을 수 없단다. 하는 수 없이 터너와 나는 집에서 지원이와 아들이 올 때까지 있기로 했다. 손자는 벌써 낌새가 이상한 것을 알아차리고 자기가 먼저 서둘러 아빠와 함께 축구 시합에 간다고 울기 시작한다.

아무리 울어도 우리의 계획을 바꿀 수 없는 일…. 먼저 지원이가 자동차로 갔고 아들이 틈을 내어 밖으로 나가는데 손자는 급기야 올 것이 왔다고 벼락 치는 소리로 "Dad, dad, I wanna go, too!"를 목이 터져라 외친다. 나는 손자가 안에서 걸어놓은 잠금 고리를 못 열도록 단단히 잠가 놓고 그래도 미심쩍어서 곁에서 지켜보고 있다. 다행히 아직 손자의 키가 작아 잠금 고리까지는 손이 닿지 않는다.

터너는 누나와 아빠가 사라진 방향을 바라보며 닭똥 같은 눈물을 흘리는데, 나는 엉거주춤하면서 손자의 울음이 그치기를 기다리고 있다. 한참을 서 있으니 힘도 들고 이럴 때는 내가 무관심한 것이 최선이다 싶어 침대에 벌렁 누워서 책을 보고 있었다. 그러던 중 갑자기 손자의 울음이 그치기에 살짝 나가보니 내 방 입구 한구석에서 소리 없이 울고 있다. 손자가 우는 모습이 안쓰럽기도 하지만 두어 시간 지나면 아빠를 볼 수 있을 터이니 그 시간만 잘 데리고 있으면 되겠지. 내가 다시 모르는 척 자리에 누우니 터너는 결심을 한 듯 이 층으로 올라갔다. 이 집은 이 층에 부엌과 거실이 있다. 아이가 조용하니 무슨 일을 저지르지 않나 싶어 더 불안해서 나도 뒤따라 올라가 봤다. 손자 손에는 자기가 가장 좋아하는 망고말랭이 봉투가 들려있었다. 아들이 나갈 때 너무 많이 울면 먹이라고 내게 주고 간 것인데 어떻게 찾아냈는지 열어 달라는 시늉을 하고 있었다. '당분이 아주 많은 것이라서 제한하며 먹이고 있는 간식이라 했는데 어떡하나….'

그러나, 고민도 잠깐. 지금은 응급 상황이다. 당분이고 뭐고 따질 일이 아니니 손자에게 망고말랭이 두 개를 (아빠가 나가기 전에 이미 두 개를 먹었다.) 빼주니 좀 전까지 눈물범벅이던 얼굴이 금방 환해지면서 '할머니~' 하고 부르는 입꼬리가 금세 귀에 걸린다. '이건 뭐지? 인간이 이렇게 먹는 것에 약한가?' 나는 이 평화의 상황이 계속 이어지도록 유튜브에서 'Thomas friends'를 찾아 틀어 주었다. 나도 손자와 함께 영상을 보면서 기차가 전복될 때면 "와… 저런… Oh, no…" 하며 소리를 지르고 맞장구를 쳐주면서 손자의 생각을 아빠로부터 이탈시키려고 애썼다. 아이들은 다른 곳에 정신을 집중하면 먼저 것은 잊기 마련이다. '으흐흐… 내가 그래도 네 아빠와 고모를 기른 경험이 있잖아.'

꼴찌면 어때

저녁에 아들이 보내온 동영상이다. 손자 터너가 축구 시합을 위해 운동장에서 뛰기 연습을 하고 있다. 왼쪽에 선 아이들은 이미 운동장 끝에 놓인 벽을 찍고 돌아서 가는데, 우리 손자는 이제야 뛰어간다. 헉!

그러니까 출발도 제일 늦게, 도착도 제일 늦다. 다른 아이들의 연령대를 움직이는 동영상으로는 알 수 없지만 우리 손자가 꼴등으로 그것도 아주 신나게 들어오는 장면을 보고 웃음이 터졌다. 손자가 꼴등을 하는 동영상을 여러 번 들여다보면서 혼잣말로 중얼거렸다.

'꼴등이면 어때. 건강하고 정직하게 자라면 되지. 오래 살아보니 모든 일에 특출나고 늘 일 등 한 놈이라고 다 잘되는 법도 없더라.'

꼴등으로 뛰는 손자가 그저 귀여워서 같은 동영상을 보고 또 보고 여러 번 들여다보며 껄껄껄 웃다 보니 해 넘어가는 줄도 몰랐다. 나 정말 할매 맞네!

LGBTQIA2S+

딸아이는 나의 스승일 때가 있다. 무슨 일이든지 치우침 없이 언제나 공평하게 판단하기 때문이다. 나는 누구를 알아가다가 그 사람이 야박하게 혹은 무식하게 나오면 속으로 '사귈 인간이 못 되는구나' 싶어 슬그머니 뒤로 물러서며 뒤에서 그 사람의 흉을 보기가 일쑤다. 그러나 딸아이는 그 사람의 내면을 읽으려는 마음이 있어서 그 사람이 그렇게밖에 안 되는 것까지 이해하려고 한다. 그래서 늘 내게 충고한다.

"엄마, 그 사람은 그런 환경에서 자라나서 그럴 수밖에 없어요."

그러면 엄마인 나는 "허허허… 지가 뭐 인생을 나보다 더 살아온 것도 아닌데, 어쭈구리 제법이네"라며 맞장구를 치지만 슬며시 꼬리를 내린다. 오늘은 전화에,

"엄마, 요즈음은 동성애라는 단어도 아주 복잡해요."

라더니 바로 'LGBTQIA2S+'라는 낯선 신조어를 소개해 준다. 내가 그게 뭐냐고 물으니 다음 단어의 첫 글자라며 자세히 설명도 곁들인다. Lesbian, Gay, Bisexual, Transgender, Queer(퀴어는 본래 "이상한", "색다른" 등을 나타내는 단어였지만, 현재는 성소수자를 포괄하는 단어로 사용되고 있단다.) and Questioning, Intersex, Asexual or Agender, and Two-Spirit.

"어머나, 그래?"

"그런데 엄마 우리 집안에도 있잖아."

"맞어."

친조카의 아이와 가까운 친척 중에도 이 속에 들어있는 아이가 있으니 나는 입을 다물어야겠다. 세상이 복잡해지고 있다.

"그래도 엄마, 그런 아이들 잘 보듬어 줘야 해. 가족마저 자기를 멀리하면 생을 마감할 수도 있거든. 그게 애들 잘못이 아닌 걸 엄마도 알지?"

딸아이와 전화를 끊고 나서 구글을 펴서 이 단어에 대해 알아보았다. 그동안 단순히 '동성애'라는 단어만 알고 있던 나는 또 놀랄 뿐이다. 아이고, 세상이 넘 복잡해지네.

누룽지 나눠 먹기

　미국 언니와는 이틀이 멀다 하고 통화를 한다. 언니는 안타깝게도 시력이 약해서 문자는 못 보내지만 커다란 돋보기로 카톡에 들어있는 사람들의 이름을 찾아 전화는 건다.
　언니는 늘 내게 암이나 다른 힘한 질병 없이 팔십을 넘겼으니 언제라도 주께서 부르시면 기쁘게 달려가겠단다. "그렇지, 언니"라며 나도 맞장구를 쳐준다. 우리 자매는 가끔 어린 시절 얘기를 하면서 엄마가 우리를 식모살이 안 시키고 지켜주신 것에 늘 감사드린다. 그 당시에는 못 살아서 밥만 먹여주는 집이 있어도 입 하나 번다고 자식을 그리로 보내곤 했으니, 공부는 아예 꿈도 못 꾸는 아이들이 많았다. 특히 여자아이들은 더더욱 불이익을 당했다. 우리 집은 딸 다섯에 아들이 둘이었는데 엄마는 우리가 딸이라고 차별해서 먹이지 않았다. 참으로 감사하다.
　나는 시집와서 시부모와 시누이와 함께 살았다. 하루는 퇴근해서 집에 오니 시누이가 누룽지가 담긴 작은 그릇을 내 상 앞에 올려놓는 것을 보았다. 다른 식구들 그릇을 힐끗 훑어보니 모두 여자들 그릇에만 누룽지가 담겨 있었다. 그 당시 누룽지라 하면 요즈음처럼 일부러 맛있게 눌린 누르스름한 누룽지가 아니었다. 연탄불에 밥을 할 때였는데 방에서 다른 일 하다가 그만 깜빡하고 밥을 태워 온 집 안이 밥 탄 냄새로 가득하곤 했던 시절이다. 당연히 누룽지가 맛이 있을 리 없다. 나는 시누이에게 밥주걱을 가져오라고 해서 여자들 그릇에만 있는 누룽지를 남자들 그릇에도 골고루 나누어 담았다. 시누이가 깜짝 놀라 안절부절못하며 나를 쳐다보았다.

"맛있는 것, 맛없는 것 다 같이 나눠 먹자. 누구 입은 양반 입이고 누구 입은 상놈 입이냐?"

며느리의 단호한 말이 시아버지 귀에도 당연히 들어갔다. 그날 이후 시아버지도 꼼짝없이 연탄불엔 탄 누룽지 밥을 식구들과 함께 드셨다.

누룽지 사건 이후로 나는 시누이들에게 인기가 급상승! 지금도 한국 가면 시누이들이 돈봉투를 들고 맨발로 뛰쳐나온다. 그 시절 여자들은 아들, 남편만 떠받들고 사는 걸 당연하게 여기던 터라 자신들이 부당한 차별을 받아도 아무 말도 못 하고 살았다. 시누이나 시어머니도 예외가 있을 리가 있겠는가. 특히 시어머니는 평생을 가부장적 사회의 억압에 눌려 살다 가신 불쌍한 분이시다. 나는 그런 시어머니에게 늘 입버릇처럼 말씀드렸다.

"어머니, 여자들은 매월 생리에, 아이도 출산하기 때문에 더 잘 먹어야 해요. 남자들은 밖에서 갈비 뜯고 잘 먹고 다닌다고요. 우리는 남자들 걱정하지 말고 우리 걱정만 하면 돼요."

요즈음은 흰 밥을 잘 안 해 먹기 때문에 일부러 누룽지 만들 기회도 없지만, 어쩌다 구수한 누룽지를 볼 때면 그 시절 연탄불 누룽지 생각에 나도 모르게 피식 웃음이 난다.

지원이의 50가지 할머니 사랑 이야기

빅토리아에서 탄 클리퍼스 배가 시애틀에 도착했다. 며느리가 손녀와 손자를 데리고 반갑게 마중을 나와 주었다. 집에 돌아와 보니, 훌쩍 큰 손녀가 이제는 작은 숙녀가 되어 침착하게 몸짓과 행동으로 엄마를 돕고 있었다. 손녀가 손님방에 내 침대도 손수 준비해 주고, 저녁까지 데워서 따뜻한 물과 함께 가져다주는 모습이 정말 대견했다.

잠자리에 들기 위해 방에 들어가 보니, 머리맡에 작은 책자가 하나 눈에 띄었다. 빨간 공책이었다. 'What I love about grandma' by Lavinia(지원의 미국 이름) Lee라는 제목의 책자였다. 책을 열어 보고 깜짝 놀랐다. 책에는 미리 인쇄된 첫 문장이 있었고, 그 아래에는 손녀가 할머니에 대해 적은 50가지의 사랑스러운 메모가 담겨 있었다. 그중 몇 가지를 소개하자면 이렇다.

1) I love your paintings. 저는 할머니의 그림을 무척 좋아해요.
2) I love to play doctor with you. 할머니랑 하는 병원 놀이는 정말 재밌어요. (2년 전에 우리 집에 놀러 왔을 때 우리는 병원 놀이를 했다.)
3) The world needs to know about your stories. 세상 사람들이 모두 할머니의 이야기를 들어봐야 돼요.
4) I love when you call me 이쁜이. 할머니가 저를 이쁜이라고 부를 때가 정말 좋아요.
5) When I was little I loved making mandu with you. 제가 어릴 때 할머니랑 같이 만두 빚어 먹었던 게 정말 좋았어요.
6) I love that you taught me to cook, bake so many different foods. 할머니는 저한테 엄청나게 많은 종류의 음식과 빵 만드는 법을 가르쳐 주셨죠.
8) It means so much that you showed me how to make punabang. 할머니가 제게 붕어빵을 어떻게 만드는지 가르쳐 주셨을 때 엄청 감동했어요.
13) I love listening to your stories about 이근표 and 이정신. 할머니가 들려주시는 아빠랑 고모 얘기는 정말이지 잊을 수가 없어요.

14) I love how much you enjoy Turner's laughing. 할머니는 동생 터너의 웃음소리를 정말 좋아하신다니까요.

23) I love how you never give up. 절대 포기하지 않는 할머니를 사랑해요.

25) If I had to describe you in one word, it'd be a miracle. 할머니를 한마디로 표현하자면 불가사의한 사람이에요.

27) Your bad back makes me feel sad. 할머니 허리가 아픈 게 정말 슬퍼요.

29) I'd love it if we could paint together soon. 빨리 할머니랑 같이 그림을 그릴 수 있으면 좋겠어요.

31) I hope you get to go to Korea and see your best friends and relatives. 할머니가 한국에 가서 친한 친구들과 친척들을 많이 만나면 좋겠어요.

34) It makes me grin when you look at my school work. 할머니가 학교에서 가져온 제 학습물을 할머니가 보실 때마다 저도 모르게 미소를 짓게 돼요.

36) Thanks for helping me check my math. 제 수학 문제를 도와주셔서 고마워요. (내가 한 번씩 갈 때마다 지원이의 수학 문제를 체크해 준 일이 있다.)

37) Your ability to make art amazes me. 할머니의 예술성은 정말 놀라워요.

44) I still can't believe you inflated your 'life jacket' when you were on a plane. 할머니가 비행기 안에서 구명조끼

에 바람을 넣어 보셨단 얘기는 아직도 믿기지가 않아요. (내가 오래전에 비행기 안에서 구명조끼에 바람을 불어 넣었던 적이 있다. 사실 나는 평소에 구명조끼가 너무 궁금했었다. 혹시 비행기가 비상착륙해야 할 때 과연 당황하지 않고 잘할 수 있을까 싶었던 것이다. 내가 바람을 다 집어넣고 다시 바람이 빼려고 했는데 안 돼서 승무원에게 새 구명조끼를 하나 달라고 하자 그 승무원은 여분은 없다며 무척 당황해했었다. 다행히 비행기 사고가 나지는 않았지만 지원이에게 이 얘기를 해 주었더니 이렇게 할머니의 기이한 행동을 이해할 수 없다고 썼다.)

48) Nobody else can make art as good as you. 아무도 할머니의 예술성을 따라잡을 수 없어요.

49) You are so creative you are so outgoing you are so smart. 할머니는 정말이지 창의성이 넘치고 활발하고 똑똑하세요.

50) Thank you for being my halmuni! 저의 할머니가 되어주셔서 고맙습니다!

나는 매일 엄마를 생각한다

내 책상 앞 전등불 아래에는 오래전 스탠리 파크에서 찍은 엄마의 사진이 붙어 있다.

밴쿠버에 계시던 시절, 손주들을 돌보러 몇 해 동안 함께해 주셨을 때 찍은 사진이다. 연한 미소를 띤 엄마는 빨간 꽃무늬의 시원한 여름 원피스를 입고 있다. 그때의 엄마는 지금의 내 나이보다 훨씬 젊으셨다.

나는 부엌에서 요리를 할 때마다 거의 매일 엄마의 부엌을 떠올린다. 연탄불 위에서 이어가던 그 고달픈 삶, 연탄불이 꺼졌을 때 작은 불씨 하나를 살리려고 당황한 얼굴로 애쓰시던 모습이 눈에 선하다. 이름조차 기억나지 않는 작은 도구를 이용해 삭은 연탄 옆에 새 연탄을 얹고, 그 속에서 희망 같은 불꽃 하나를 피워내시던 엄마. 많은 식구의 건강을 지키기 위해 그 어둡고 좁은 부엌에서 엄마는 단 하루도 쉴 틈이 없으셨다.

그러나 우리 자식들은 그 고생을 몰랐다. 아니, 알면서도 결코 다 알 수 없었다.

겨울이면 손을 지켜줄 고무장갑조차 없이 차가운 물에 설거지와 빨래, 청소를 하셨다. 그 와중에도 엄마는 단 한 번도 당신의 삶을 원망하지 않으셨다.

교회 새벽기도 종소리에 맞춰 일어나시던 엄마.

힘들 때면 찬송을 부르며 묵묵히 일하시던 엄마.

이제 내가 엄마의 나이가 되어보니, 그 시절 엄마의 삶이 더 가까이 다가와 내 귀에 속삭인다.

'왜, 나는 그때 엄마에게 좀 더 다정하게 하지 못했을까…. 왜 그 흔한 고맙다는 말을 자주 해드리지 못했을까….'

엄마는 누구에게도 자신의 힘듦을 토로하지 않으셨다. 그 모든 삶의 무게를 오직 하나님께만 아뢰며, 조용히 묵묵히 살아내셨다.

요즘 수영장에서 거울을 볼 때면, 그 속에 비친 내 얼굴에 엄마의 모습이 겹쳐 보인다. 세월 따라 나는 점점 엄마를 닮아간다. 나는 쉽게 화를 내고 남을 탓하기도 하지만, 엄마는 그 어떤 일에도 원망하지 않고 언제나 너그럽게 품으셨다. 그렇다면 이제 나는 엄마의 얼굴만 닮을 것이 아니라, 엄마의 내면까지 닮아야 하지 않을까.

엄마는 내 평생 삶의 롤 모델이었다.

그렇다면 나는 내 아이들에게 어떤 엄마로 기억되고 있을까?

딸과 함께한 배움의 시간

여름은 여행하기에 참 좋은 계절이다. 햇살은 눈부시고, 바람은 가볍다. 여행을 떠나면 볼거리도 많고, 배울 거리도 많다. 익숙한 일상에서 벗어나 새로운 풍경과 사람들을 만나는 일은 마음을 활짝 열게 하고, 때로는 지나온 길을 되돌아보게 한다.

딸아이는 어릴 적 말괄량이였다. 누가 뭐라 해도 자기 뜻대로 하려는 고집쟁이였는데, 지금은 어엿하게 자기 삶을 살아가는 어른이 되어 있다. 내가 무슨 삶의 지침서를 들려준 것도 아닌데, 살아가면서 스스로 삶의 방식을 터득한 듯하다.

고등학교 12학년 때 처음 아르바이트를 하며 세상이 만만하지 않다는 것을 알았고, 1불의 소중함을 몸으로 배웠다. 그 경험이 딸아이를 단단하게 만들어주었다.

지금의 딸은 옷이나 가방, 장식품 같은 자기 치장에는 돈을 아끼지만, 먹는 것과 남을 대접하는 일에는 아낌이 없다. 그런 모습을 보면 문득 '아, 얘가 나보다 낫구나' 하는 생각이 든다.

나는 요즘 딸네 집에 와서 아이처럼 지낸다. 딸이 뭐라 하면 "오케이, 오케이~" 하며 순순히 따르고, 보스처럼 딸을 모시고 있다. 이게 또 은근히 편하고 재미있다. 딸은 확실히 타고난 '보스 기질'이 있다.

부인할 수 없는 사실이다.

   요즘은 딸이 정원에 물 주는 법을 알려준다. 바쁜 일정 속에서도 정원을 잘 가꾸는 비결은, 일주일에 한 번 와인병에 물을 채워 꽂아두는 것이다. 그렇게 해도 식물들이 잘 자란단다. 오늘은 작은 텃밭에 물을 주는 딸의 모습을 사진으로 남겼다. 싱그러운 여름 햇살 아래에서 부지런히 살아가는 모습이 참 멋졌다.

   여름이, 그리고 인생이, 이렇게 나를 가르친다. 그리고 딸에게서도 배운다.

핼리팩스 딸네 집 방문.
2025년 7월 7일

늙음에도
리듬이 있다

늙음에도 리듬이 있다

어제 안과 대기실에 앉아 있는데, 갑자기 뒤에서 "Alicia" 하고 불렀다. '누가 날 부르지?' 하고 고개를 돌리니, 환하게 웃으며 얼굴을 내미는 할매가 있다. "어머나, 조이스!" 나도 반가운 마음에 웃음으로 화답했다. 어제 수영장에서 수중 운동을 함께 했던 조이스를 병원에서 다시 만나니, 더 친근하게 느껴졌다.

조이스는 팔십을 넘겼음에도, 여전히 건강을 유지하고 있었다. 내가 왜 병원에 왔냐고 물으니, 황반변성 징조가 있다고 했다. 나도 모르게 깊이 공감하게 됐다. 나 역시 어느 날 갑자기 나이를 실감하게 된 듯하다.

예전에 젊었을 때는 할머니들 사이를 지나갈 때마다 이런 생각을 하곤 했다.

'나는 아직 아니다. 나는 영원히 저 그룹에 끼지 않고 자유롭게 날아다닐 거다. 저 할머니들은 아마 처음부터 늙었을 거야.'

이런 말도 안 되는 망상에 빠져 있었던 내가 이젠 그런 생각이 우습다. 이제 보니, 늙음은 슬픈 것이 아니며, 그 나름의 멋과 리듬이 있다.

얼굴은 주름졌지만, 그 안엔 삶의 이야기들이 담겨 있고,
걸음은 느려졌지만, 그 속엔 묵직한 여유가 있고,

머리카락은 소금과 후추를 뿌려 놓은 듯 은은한 멋이 있고,
기억은 가끔 깜빡하지만, 새로운 추억을 만들 기회도 많고,
배는 통통하지만, 그만큼 마음도 따뜻하다.
이렇게 보니 늙음도 나름의 리듬을 지니고 있다. 야호!

좋은 것만 생각하기

내가 수영장 안으로 천천히 들어가는데, 조이스 할매가 나를 반긴다.
"엘리샤 왔네! 우리 방금 자기 얘기 하고 있었어."
"무슨 얘기?"
"응, 한국 드라마 얘기 중이었지. 근데 자기가 한국 사람이잖아. 그래서 자연스럽게 자기 얘기가 나왔어. 자기 참 좋은 사람이라고 다들 말했어."
"진짜? 내가 좋은 사람 같아?"
"그럼, 당연하지. 우리 모두 그렇게 생각해."
"으흐흐. 고마워, 다들."
이렇게 수영장에서 만남도 하나의 작은 공동체를 이루고 있다. 여기 오는 할매들은 함께 늙어가며 서로를 위로하고, 또 위로받으면서 그들 나름 따뜻한 관계를 유지하고 있다. 수영이 끝나고 나서, 조이스와 나는 온탕에 들어갔다. 말재주가 많은 조이스가 뜬금없이 이야기를 꺼냈다.
"며칠 전에 전남편 사진을 봤어."
"41년 전에 헤어졌던 그 남편 사진 말이야?"
"응. 우리 딸한테 지네 아빠 사진 좀 보여 달라고 했거든."

"왜 갑자기? 자기 남편, 오래전에 자기 딸 나이쯤 되는 여자랑 도망 갔다면서?"

"그랬지."

"그런데 아직도 미련 있어? 자존심도 없이 그 사람 사진이 보고 싶었어?"

약간 격앙된 목소리가 나도 모르게 튀어나왔다.

"아니, 그냥, 갑자기 궁금해졌어. 우리 고등학교 때 첫사랑이었잖아."

"알아, 지난번에 말해줬잖아."

"딸아이가 아빠 사진을 보여주는데, 헐헐헐 세상에, 살은 왜 그렇게 많이 쪘고, 주름살은 얼굴에 온통 뒤집어썼고. 저런 괴상한 할배를 내가 사랑했단 말이야? 그러고는 사진을 딸에게 얼른 돌려주면서 말했지."

"어떻게?"

"이 사진 다시는 나한테 보여주지 마!"

조이스는 그렇게 말해 놓고 까르르 웃어댔다. 나도 그 사진 속 할배를 상상하며 같이 웃었다. 그러더니 조이스가 다시 내게 말했다.

"그래도 내 결혼 생활은 아름다웠어."

그 가감 없는 말에 나는 순간 머리를 '띵' 하고 얻어맞은 기분이었다. 나는 그동안 내 결혼 생활이 슬펐다고만 생각해 왔는데, 조이스는 저렇게 큰 상처를 안고 있으면서도 좋은 추억만 기억하는 것이 정말 놀라웠다.

집으로 돌아와 내 결혼 생활을 다시 떠올려 보니 슬픈 기억도 많았지만, 아이들을 키우며 행복했던 시간도 많았다는 것을, 조이스를 통해 다시 한번 생각하게 됐다.

  그래, 이제부터는 좋은 것만 생각하자.

"Thank you, Joyce."

늙음의 무게보다 무거운 굴레

어제, 팔십을 바라보는 할매가 남편의 술주정 때문에 집을 뛰쳐나왔다는 소식을 들었다. 이 부부는 평생을 이렇게 살아왔는데, 왜 이 할매는 아직도 이 술주정뱅이의 굴레에서 벗어나지 못하는 걸까?

오래전부터 알던 분인데, 남편의 주사가 너무 심해서 이사를 갈 때마다 숨을 곳이 있는지부터 살핀다는 말을 들은 적이 있다. 지난주, 날씨가 맑을 때 골프를 치고 온 남편이 친구가 떠난 후 방망이로 집 유리창을 와장창 깨버렸다고 한다. 다행히 할매는 매를 피하고 재빨리 집을 뛰쳐나가 아는 사람의 집으로 몸을 피했다고 한다.

한숨이 절로 나온다. 나이로 보나 건강 상태로 보나, 이 할배는 곧 죽을 나이가 가까웠는데 아직도 술만 마시면 아내를 방망이로 위협하고 거친 말로 괴롭힌다. 술을 많이 마시면 간암에 걸려 죽는다고들 하지만, 이 할배를 보면 다 헛소리 같다. 몇 년 전에는 자신이 아내에게 너무 잘못했다고 후회한다는 소문이 돌기도 했는데, 그저 소문일 뿐이다.

할매는 평소 집 안에서 도망칠 때 같은 집에 두 번 이상 숨지 않는다고 한다. 남편이 곧바로 아내를 찾아다니기 때문이다. 그런데도 왜 이 할매는 경찰에 신고하지 않고 사는지 그저 답답하다. 우리 엄마 시대에도 이렇게 바보같이 살지는 않았는데, 이게 무슨 조선 시대냐?

두들겨 맞고도 도망가지 않는 아내를 즐기며 사는 이 할배는 정말 악질이다.

"할매, 할배가 한 대 때리면 두 대 때리고, 악을 쓰고 덤벼요. 돈은 남편이 술에 취해 해롱거릴 때 미리 좀 빼놓고, 이웃집으로 도망치지 말고 진짜 멀리 도망가세요. 남은 생이라도 편하게 발 뻗고 주무시구려. 쯧쯧쯧….”

늙으면 놀라는 다섯 가지

　오는 5월 말에 내 피붙이 언니가 미국 생활 45년을 마치고 한국으로 역이민 간다. 언니는 미국 LA에서 시작부터 은퇴하는 날까지 병원에서 간호사로 일해 왔다. 그동안 언니는 은퇴 후 마지막을 어디에서 살아야 하는가를 결정하는 문제로 여러 번 한국을 다녀온 바 있다. 그러나 언니는 미국에서 살아온 날들이 한국에서의 삶보다 더 많았기 때문에 쉽게 결정하지 못하고 여러 해 망설여 왔다. 그러던 중 작년에 나와 함께 한국에 가서 다시 한번 한국에서 살 것을 진지하게 고민하더니 한국에서 살기로 어려운 결정을 내렸다.

　내가 살고 있는 빅토리아도 생각해 보았지만, 언니는 미국인이라서 보험이 없기 때문에 갑자기 아프면 병원비가 부담되어 올 수 없다. 이곳도 보험 없이 응급실이라도 찾았다고 한다면 폭탄 요금을 맞게 된다.

　"얘, 나이 팔십 넘기고 나서 살아있는 것은 큰 의미가 없어. 삶은 젊은이들의 것이야."

　언니는 내가 전화할 때마다 늘 늙음의 슬픔을 이야기하곤 한다. 젊었을 때는 여름 휴가철마다 직접 차를 몰고 여러 번 캐나다에 다녀가고, 미국에서도 몇 개 주를 넘나들며 친구들을 활발히 만나고 지냈었다. 그러나 지금은 불행히도 황반변성으로 인해 시야가 흐릿해지고,

그로 인해 불안한 삶을 살고 있다.

다행히도 과거 미국에서 목회하던 목사님이 현재 전주에서 큰 교회를 담임하고 계신데, 그분이 언니에게 전주로 오면 보살펴 주겠다고 여러 번 제안해 오셨다. 결국 언니는 그 제안을 받아들이기로 했다. 나도 미국에서 그 목사님을 알고 지냈기에 마음이 놓여 그렇게 하는 것이 좋겠다고 언니를 응원했다.

늙으면 놀라고 슬퍼지는 일이 참 많다.
첫째는, 거울을 보며 스스로가 정말 늙었음을 실감하고 놀라워하며,
둘째는, 마음과 몸이 따로 노는 것을 느끼며 당황하고,
셋째는, 다른 늙은이를 보며 '나도 저렇구나' 하고 슬퍼지며,
넷째는, 젊었을 때 왜 늙은이들의 마음을 제대로 이해하지 못했을까 자책하고,
다섯째는, 사고할 수 있는 날들이 점점 줄어드는 것을 실감하며 슬퍼진다.

뜻밖에 수영장 표지 모델이 되다

이게 웬일입니까? 수영장 웹사이트의 표지 모델이 되다니, 허허허. 내 생전에 웹사이트 모델이 될 줄이야. 정말 신나는 일을 계속 보여주시는 하나님은 요술쟁이 같으시다.

수중 운동을 하고 있던 어느 날, 내 옆에 있던 레슬리가 다가왔다.

"Alicia, You are the cover model for this fall!"

꽤 흥분된 목소리였다.

"Pardon me?"

내가 뭘 잘못 들었나 싶어서 다시 물었다. 레슬리가 수영장 시간 변경을 검색하다가 내 얼굴이 웹사이트에 커다랗게 떠서 깜짝 놀랐다며 집에 가서 웹사이트를 확인해 보라고 했다.

사연은 이렇다. 약 3주 전에 수영장에서 웹사이트용 동영상을 촬영하던 청년이 있었는데, 한 시간 동안 우리 쪽과 아이들 쪽을 많이 찍었다. 내가 항상 맨 앞에서 운동하니 카메라에 잡힐 확률이 높긴 했지만, 앞줄에 나 혼자만 있었던 것도 아니고 옆에도 사람들이 많았다. 그런데 활짝 웃는 내 모습이 그 청년 마음에 들었나 보다. 결국 내가 다니는 'West Shore Parks and Recreation Center'의 표지 모델이 됐다. 살다 보니 이런 일도 생긴다.

영어 공부

한참 물속에서 운동을 하고 있는데, 곁에서 운동하던 할매 바비가 내 곁으로 다가오더니, "Alicia! 오늘의 단어가 osmosis야?"라고 묻는다. 내가 맞다고 하자, "하, 내가 맞혔다!"라며 기뻐한다. 나는 엷은 미소를 띠며 고개를 끄덕여 주었다. 이럴 수가 있나, 정말로 내가 언제부터 우리 주변에서 단어를 잘 맞히는 우등생이 되었을까? 나는 이들을 실망시키지 않기 위해 물속에 들어가기 전에 오늘의 단어 답을 미리 알고 들어간다. 물론 매번 그러지는 못하지만, 되도록 그렇게 하려고 애쓴다.

칠판에 적힌 단어들 중에 내가 쉽게 맞히는 단어는 거의 없고 대부분 어려운 단어들이지만, 그것들을 외워서 공책에 적어두고 다시 한 번 암기해 본다. 물론 조금 있으면 다 잊어버린다. 사실, 나는 오늘의 단어 'osmosis'의 뜻을 모르고 있었기 때문에 내 차에 앉기까지 계속 이 단어를 외우며 걸어갔다. 전화기를 꺼내 사전을 찾아보니 이렇게 나왔다.

osmosis 삼투, 삼투성, 흡수함. by osmosis: 침투에 의해, (지식 등을) 어느새 터득하여.

내가 캐나다와 미국에서 수십 년을 살아왔는데, 지금 생각해 보니 생활 영어는 그리 어려운 단어가 아니고 아주 기초적인 것이다. 그리고 길게 말할 필요도 없다. 간단하게 짧게 잘라서 말하면 되고, 쉬운 단어를 골라서 소통하면 된다. 영어를 어렵게 생각하기 때문에 처음 외국에 온 사람들은 겁이 나는 것이다. 겁낼 것 없다. 담대하게 자신이 아는 단어를 다 조합해서 어찌하든지 의사소통하면 된다. 그리고 중요한 것! 그들에게 미리 나는 영어가 서투니까 천천히 그리고 쉬운 단어로 말해 달라고 하면 그들도 알아서 쉬운 단어로 말해준다.

나는 지금도 중요한 정부 기관 사람들과 통화할 경우, 앞서 말한 것처럼 쉬운 단어로 내가 알아듣게 도와 달라고 말한다. 왜냐하면, 대답 중에 yes나 no를 잘못 말해서 낭패를 볼 수 있기 때문이다. 그리고 애매할 경우, 다시 말해 달라고 해야 한다. 잘못 알아들으면서 이해한 척하면 낭패를 당할 수 있다.

캐나다에 와서 살게 된 사람이라면 필히 영어에 많은 노력을 기울여야 한다. 자식들이 직장을 잡아 결혼해서 다 떠나고 나 홀로 남아 살아갈 때 혹은 둘이 남아 모든 일을 감당해야 할 때를 대비해 매일 간단한 영어 회화와 새로운 단어 외우기를 게을리하지 않아야 한다.

천재는 후에도 만들어진다

이건 좀 말하기 쑥스럽다. 왜냐하면 수영장 안에서 몇몇 할매들이 내가 단어를 척척 잘 맞히는 천재라고 말하기 때문이다. 이게 어디 말이 되는가? 나는 쉬운 단어는 맞히지만, 어려운 것은 아니 생전 들어보지 못한 단어들은 스펠링을 뒤죽박죽 외워서 집에 와서 사전을 찾아보고 그 뜻을 알아내곤 한다.

지난주에는 운동 시작 전에 조금 일찍 가서 온탕에 앉아 오늘의 단어를 열심히 보고 있었다. 첫 자가 H라는 것만 알았고, 나머지는 너무 뒤죽박죽된 알파벳이라 무슨 단어인지 도저히 가늠할 수 없었다. 보드에는 'n, s, o, o, h, e, m, o, g, e, u'라고 적혀 있었다. 헐, 뭐지? homo… 다음에 뭐가 오는 걸까? 이런 생각을 하며 수영장 안으로 들어가는데, 뭔가에 이끌려 사무실 안이 들여다보이는 유리 벽 앞에 서게 되었다. 여기는 우리 운동하는 사람들이 가 볼 일이 전혀 없는 장소다. 그런데 우연히 고개를 돌린 쪽 칠판 오른쪽 맨 끝에 오늘 날짜와 'unscrambled'(뒤엉킨 단어 맞히기) 답이 적혀 있는 게 아닌가! 오오오, 이런 대박이! 웃음이 절로 나왔다. 그러니까 수영장에서 일하는 직원들을 위해 답을 매일 여기에 적어 놓는 모양이다. 사실 아침에 수영장에 들어가서 칠판에 쓰여 있는 뒤엉킨 단어 맞히기는 또 하나의 즐거움이다.

　나는 그날의 단어 맞히기 답이 사무실 안 칠판에 적혀 있는 'homogeneous'(뜻: 동종의, 동질의)라는 것을 우연히 알게 됐다. 물속에 들어가 운동이 시작되었다. 앞줄에 있는 몇몇 할매들이 다들 눈을 반짝이며 칠판에 뒤죽박죽 섞여 있는 글자들이 무슨 단어일까 고민하는 것 같았다. 눈치를 보니 아직 아무도 답을 맞히지 못한 것 같다. 음음음, 나는 평소처럼 모른 척하고 운동에 열중했다.

　바로 옆에 있던 할매가 내게 다가와서 오늘의 단어를 아냐고 묻는다. 나는 조용히 고개를 끄덕이며 "응" 하고 짧게 대답했다. 그러자 그녀가 "호모…"라고 말하기에, "조금 더… 맞아, 첫 글자는 맞았어!"라고 응원해 주었다. 그러자 그녀가 "호모저너스?"라며 나를 쳐다보았다. 내가 "응, 맞았어"라고 하자, 할매는 "너는 정말 천재야. 매번 다 맞히네!"라며 나를 천재라고 치켜세웠다. 이런, 커닝의 명수를 천재라고 부르다니, 말도 안 돼!

　히히히, 우리 딸도 늘 나를 보고 'cheater'라고 하는데, 그래도 이건 남에게 피해를 주는 건 아니니까 하나님도 이해해 주시겠지. 내일은 또 무슨 단어가 나올까? 빨리 자고 내일 가봐야겠다. 이제 답 찾는 것도 어렵지 않아. 나는 천재니까. 호호호!

팔십에도 도전은 계속된다

수영장에서 함께 운동하는 캐롤은 얼마 전에 팔십을 넘겼다. 동작이 조금 느리긴 하지만, 꾸준히 나와서 몸을 관리하는 그이의 열정은 변함없다. 지난 주말, 캐롤은 시니어 하우스에서 열린 크리스마스 수제품 판매 행사에 처음으로 참여했다. 작은 구슬로 만든 수예품을 팔았는데 나도 작품 두 개를 사서 하나는 방에, 다른 하나는 부엌에 사용하고 있다. 사실, 이들이 내놓는 작품들은 가격이 너무 저렴해서 사는 것이 미안할 정도다. 하지만 캐롤을 비롯한 시니어들은 집에 가만히 있는 것보다 무언가를 만들고 시간을 보람 있게 보내는 것이 더 즐겁다고 말한다.

운동이 끝나고 온탕에 앉아 캐롤에게 매출을 물어보니, 이틀간 485달러를 벌었다고 한다. 내가 "나쁘지 않네"라고 하자, 그녀는 미소 지으며 그렇다고 했다. 더불어 아들과 딸들이 행사 시작 전에 와서 격려해 주고, 끝난 후에도 여러 번 전화로 엄마가 자랑스럽다며 칭찬을 아끼지 않았다고 한다. 사실 캐롤은 평생 수줍음이 많아 좌판을 깔고 물건을 팔아본 적이 없었는데, 나이 팔십을 넘기고도 이런 도전을 해낸 엄마를 자녀들이 무척 자랑스러워했다.

캐롤의 이야기를 들으며 우리에게 결코 늦은 때는 없다는 생각이 들었다. 평생 하지 않던 일을 팔십에 도전하고, 본인뿐만 아니라 자녀들에게도 기쁨을 주는 캐롤. 매출도 꽤 올려서 매우 기쁘다고 말하는 캐롤을 보니 나도 덩달아 기분이 좋아졌다. 시니어들은 대부분 정부로부터 받는 적은 연금으로 살아가기에 경제적으로 여유롭지 않다. 그래서 캐롤처럼 작은 도전이 삶의 활력소가 되기도 한다.

캐롤은 용기를 얻어 내년에도 좌판을 받고 싶다며 밝게 웃었다. 그렇다, 인생에 팔십은 결코 장애가 되지 않는다. 힘이 닿는 한, 우리는 끝까지 도전할 수 있다.

캐롤, 파이팅!

팔순 할매 샌디

수영장 할마시들 중에 내가 주말에 시애틀 다녀온 것을 아는 샌디가 온탕에서 손자 손녀와 즐거운 시간 보냈냐고 묻는다. 내가 '그럼 아주 좋았지'라며 우리 손녀 지원이 얘기를 해 주었다.

"지난번에 손녀가 내 가슴에 고무공 두 개를 넣어 주어서 한참 웃었는데, 이번에는 자기 가슴에 작은 티슈 하나씩을 넣고 있다는구먼. 아이고, 요즈음 아이들은 사춘기가 너무 빨리 와서 걱정이야."

다음 달에 팔십을 맞는 샌디는 손을 저으면서 요즈음 아이들뿐만 아니라 옛날 학창 시절에서도 그랬단다.

"나도 어릴 때 친구하고 작은 오렌지를 젖가슴에 넣고 다녔거든. 그런데 어느 날 우연히 우리 오빠한테 들켜 버렸어. 그 이후로 우리 오빠는 오렌지를 안 먹잖아. 헤헤헤헤."

"뭐야? 그렇다고 오렌지를 안 먹어?"

"응. 오렌지 보면 느낌이 이상하다면서…."

샌디는 까불쟁이다. 다음 달이 팔순 생일인데 기념으로 자기 몸에 문신을 새기고 싶단다. 내가 자녀들의 선물이냐고 물으니 아니라며 자기가 자기한테 주는 선물이란다. 그런데 온몸이 너무 쭈글쭈글해서 큰 문신은 못 하고 작은 무당벌레 하나 올려놓고 싶단다.

그 말을 듣고 샌디를 찬찬히 살펴보니, 정말 온몸이 주름투성이다. 저 몸에 어디에 문신을 할까 싶지만, 하고 싶은 건 해야겠지. 죽을 날이 가까워진 사람이 무엇이 두려워서 못 하겠나. 우리 딸이 일찍이 말했듯이, 이제 우리 나이는 '용서받은 나이'다.

명랑한 샌디와 함께 있으면 늘 즐겁다. 내가 모르는 단어들도 꼭 알려주고, 때로는 몰래 물속으로 살살 다가와 소곤거리며 답을 알려주고 가기도 한다. 샌디에게 날아와 예쁘게 내려앉을 무당벌레를 상상하며 하루를 마감한다.

할매들의 문신 사연

"어머, 다리에 문신이 있네요. 무슨 뜻이 있나요?"
수영을 마치고 탈의실에서 옆에 있던 할매에게 물었다.
"오, 이것 말이죠. 우리 남편이 평소 쓰던 기호였어요. 남편은 소방관이었는데 10년 전에 소천했지요. 그러고 보니 마침 오늘이 10주기군요."
이렇게 말하는 할매가 갑자기 숙연해진다.
"어머나, 마음 건드렸다면 죄송해요."
"아뇨. 오래전에 떠난 사람인데요, 뭘. 여기 이 다리에 문신은 남편을 상징하는 부호들이지요. 그래서 나는 늘 남편과 함께하고 있어요."
"어머나, 평소에 사이가 좋았나 보네요."
그 할매는 그렇다며 고개를 끄덕인다. 수영장에서는 몸에 문신을 많이 볼 수 있다. 젊은이들의 문신은 하도 많이 보아서 크게 관심을 두고 보지는 않지만, 오늘처럼 할매들의 문신은 매우 흥미롭다.
어느 할매는 어깨에 부엉이를 그려 넣었기에 내가 왜 하필이면 부엉이냐고 묻자, 자기 남편이 생전에 부엉이를 가장 좋아했다고 한다. 그러니까 이제는 다시 못 볼 배우자를 기억하는 의미에서 문신을 하는 이들이 종종 있다는 것이다. 또 어떤 할매는 손녀의 얼굴도 자기 어깨에 새겨 넣었는데 이처럼 할매들의 문신에는 그 나름 의미가 담겨 있다.

성경에 몸에 문신하지 말라고 쓰여 있는 것을 보면, 그 까마득한 옛날에도 몸에 문신을 하고 다닌 모양이다. 몸에 귀엽고 작은 문신을 하는 것은 그런대로 봐 줄 수 있지만, 거의 몸 전체를 문신으로 두르고 있는 사람을 보면 조금 부담스럽다.

사실 몇십 년 전만 해도 문신을 하고 다니는 사람들이 많지 않아서 하는 사람이나 보는 사람이나 어색했는데 이제는 특별한 것이 아닌 것 같다. 나도 가끔은 깜찍한 인스턴트 문신 하나를 어디다 살짝 새겨 딸아이를 놀려주고 싶은 마음이 불쑥불쑥 들곤 한다.

아서라, 엘리샤! 진정하라고. 큰일 나겠다. 딸내미가 엄마 치매라고 양로원에 가둔다!

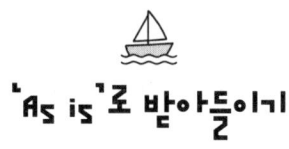
'As is'로 받아들이기

　수영장 친구인 브랜다와 그녀의 남동생 카일이 예정대로 점심시간에 우리 집을 방문했다. 두 사람 모두 수영장에서 자주 보는 이들이다. 브랜다는 평생 학교 선생님으로 일하다 정년퇴직했고, 카일은 육·해·공군에서 복역하다 건강상의 이유로 일찍 은퇴한 퇴역 군인이다.
　수영장에서 반갑게 인사를 나누다 알게 된 둘을 옷을 입고 보니 느낌이 다르다. 점심 식탁에 마주 앉아 주로 그들이 살아온 날들에 대한 이야기로 꽃을 피웠다. 대화를 나누다 보니 두 사람 모두 매일 통증약을 복용하며 살고 있다는 사실에 놀라움을 금치 못했다. 카일은 훈련 중 낙하산으로 착륙하다 사고를 당해 왼쪽 어깨가 완전히 빠졌고, 몸통 절반이 오른쪽 팔과 나란히 위치하게 되었다고 한다. 이를 교정하기 위해 여러 수술을 받아야 했고 그 후유증으로 매일 타이레놀을 복용한다고 한다.
　브랜다는 어릴 때 유콘에서 살았는데, 겨울이 길고 인구가 적은 곳이라 고생을 많이 했다고 한다. 브랜다는 현재 육십 중반인데도 걸음을 또박또박 걷지 못한다. 건강이 안 좋아 은퇴 후 가장 온화한 기후인 빅토리아로 이사했다고 한다. 걸음을 잘 못 걷는 이유는 엉치뼈가 부딪혀서 그렇다고 하며, 그래도 매일 물속에서 2시간 정도 운동하면 좀 편하다고 한다. 브랜다로 매일 통증약을 복용한다.

 휴, 나이가 드니 모두들 여기저기 아프고 쑤시는구나. 이게 늙어가는 과정인가 보다. 슬프지만 받아들이고 살아가야 할 일인 것 같다. 브랜다와 카일 부모님은 딸 다섯과 아들 하나를 두었는데, 딸들 중 하나는 고등학교 때 임신해 졸업도 못 했고, 하나는 공부하기 싫어 자퇴했으며, 막내딸은 연방경찰로 있다가 독일에서 파트너를 만나 독일로 이민 갔다고 했다. 내가 "그럼 너희 여동생이 만난 그 파트너가 여자 맞어?" 하고 물었더니 그렇다고 한다.

 이들은 서로 인정하고 이해하며 흉보지 않으며 산다. 나는 이들의 문화를 들여다보며, 우리는 너무 자랑거리만 얘기하는 것은 아닌가 반성해 보았다. 영어 표현에 'as is'라는 말이 있다. 상대를 있는 그대로 받아들인다는 뜻이다. 나는 이 말을 매우 좋아한다.

고마웠다, 후회 없다

몇 년 전에 내가 아홉 달 동안 돌봐 드렸던 할아버지가 수술 후 깨어나지 못하고 중환자실에 들어가셨다고 그분의 가족이 울면서 내게 전했다. 수술실로 들어가기 전날 밤, 의사가 가족들에게 마지막으로 이야기 나눌 시간을 주었다는데 할아버지는,

"내가 용기를 내어 다시 돌아올게. 하지만 혹시 다시 못 본다 해도, 그동안 내게 잘해줘서 너무 고마웠어. 난 정말 열심히 살았고 후회 없이 행복하게 잘 살았어. 그리고 엘리샤한테도 고맙다고 전해줘."

라고 하셨다며 내게 전했다. 전화로 할아버지의 마지막 모습을 전하는 그분은 가족을 잃은 슬픔에 울고 또 울었다. 나는 그분에게,

"우리도 모두 할아버지처럼 갈 것이다. 그러니 매일매일 후회 없이 살다 가자."

라며 위로했다.

할아버지의 급격히 나빠진 건강 상태가 의외였다. 식단은 언제나 아침에 과일 한 접시, 빵 한 조각, 점심은 외식, 저녁은 우유와 시리얼, 그리고 여러 가지 비타민이었다. 술과 담배는 아예 입에도 대지 않으셨고, 매일 30분씩 자전거를 돌리며 운동하시던 분이다. 젊었을 때는 매주 30마일씩 마라톤을 하셨고, 열심히 일해서 돈도 많이 벌었던 분

이다.

할아버지가 세상을 떠나고 나서 할머니를 위로하려고 전화를 드렸다. 할머니 말씀으로, 할아버지가 자기는 이제 병원에서 집으로 못 가고 양로원으로 가야 할 것 같다고 하셨단다. 그런데, 양로원에 가지 않고 바로 세상을 떠나게 된 것은 아내인 자기를 힘들게 하지 않으려고 그랬던 것 같다면서 한참을 울먹이셨다.

그 넓은 저택, 숲속 공원 같은 정원, 두 개의 금붕어 연못에는 여름이면 온갖 수초가 올라오고 연꽃이 피어오르던 집. 따뜻한 날이면 벤치에 앉아 멀리 바다를 바라보며 시간을 보내던 할아버지와 나. 의사가 102살까지 사실 거라며 웃으셨던 할아버지는 결국 88세 반에 생을 마감하셨다. 내가 정원 일을 좀 하려고 하면 "그건 네 할 일이 아니다"라며 힘든 일은 하지 말라고 늘 말씀하시던 할아버지. 함께 영화를 보다가 내가 먼저 잠들면 담요를 덮어 주시던 할아버지. 지난번 뵌 것이 마지막이라니, 더 자주 찾아뵀어야 했다는 후회가 든다.

어릴 때 성당에서 신부님을 도우며 성찬식을 준비하고, 성도들에게 포도주와 떡을 나누어 주었던 할아버지. 몇 해 안 되는 짧은 신앙생활이었지만, 하나님께서도 기쁘게 받아주실 거라 믿는다.

할아버지, 그동안 정말 고마웠어요. 아프지 않은 곳에서 편히 쉬세요. 그리고 천국에서 다시 만나요.

I love you.

화성에서 죽고 싶다

할아버지는 늘 내게 "I want to die on Mars"라고 말씀하시곤 했는데, 그 말을 다른 사람들도 들었나 보다. 어제는 할아버지가 이 문구가 적힌 빨간 셔츠를 선물로 받았다며 입고 계셨다. "Bob, 너무 멋져요. 사진 한 장 찍어도 될까요?"라고 하자, 할아버지는 "얼굴은 나오지 말고 여기만"이라며 가슴 쪽을 가리키셨다.

어릴 때 꿈이 나사에서 우주비행에 관한 일을 하고 싶어 했던 할아버지는 대학교 2학년 때 아버지가 쓰러지면서 그 꿈을 이루지 못하셨단다. 천재성을 가지고 있던 할아버지는 지금도 화성에 가고 싶다고 자주 말한다. 다음 생이 있다면 꼭 그 꿈을 이루겠다고 주먹을 불끈 쥔다.

일론 머스크가 2016년 화성에 인류가 거주할 수 있는 도시를 현세대에 건설하겠다는 야심 찬 계획을 발표했다. 그는 멕시코에서 열린 국제 우주공학회의에서 기조연설을 하면서 2022년부터 인류를 화성으로 보낼 것이라고 밝힌 바 있다. 또, 그는 행성 간 로켓에 캡슐을 장착해 약 100명의 탑승 인원과 화물을 화성으로 날려 보낼 수 있을 것이라고 자신했는데, 재사용 로켓을 사용하고 화성 현지에서 연료를 충전하는 기술 등을 개발해 여행 비용을 1인당 10만 달러에서 20만 달러 수준으로 낮추겠다고 말했다. 이렇게 돈만 있으면 누구나 갈 수 있는 화성 여행을 시작으로 결국엔 인류가 머물 수 있는 도시를 화성에 건설한다는 거다.

스페이스X는 2018년에 화성 무인 탐사선을 발사할 예정이라고 발표하며 전 세계를 놀라게 했다. 정말 내가 살아생전에 화성에 가는 사람들을 볼 수 있을까? 그렇다면 나도 돈을 좀 더 모아야겠다. 누가 알겠는가, 그때쯤이면 가격이 더 내려가서 나도 화성에 발을 디딜 수 있을지도 모른다. 상상만 해도 즐겁다.

침묵이 언제나 금은 아니다

어제(토요일) 저녁에 수영을 갔다. 주말에는 수중 운동이 없기도 하고, 토요일 낮에는 아이들과 여러 가지 놀이를 하기 때문에 밤에 가기로 했다. 내가 수영장 카드를 스캔하고 문을 들어서려는데, 직원이 바로 나를 불러 세웠다. 내가 돌아서서 무슨 일이냐고 물었더니, 수영장 안에 정원이 초과되어 밖에서 조금 기다려 달라고 했다. 대충 얼마나 기다려야 하냐고 물으니 10분에서 15분이라고 답했다. 나는 가볍게 오케이하고 물러서서 시계를 보며 기다렸다. 나보다 먼저 온 남자도 아들 둘을 데리고 기다리고 있었다.

내가 기다리는 동안 사람들이 계속 아이들을 데리고 들어오면서 직원에게 같은 말을 듣고 이름을 등록한 후 여기저기 흩어져 기다리고 있었다. 10분, 20분, 30분 시간이 또각또각 잘도 흘러갔다. 40분이 지났는데도 아무도 이름을 부르지 않았다. 모두 답답한 마음으로 서성이며 기다리고 있었다. 창구에 있는 두 직원은 여유롭게 웃고 농담하며 앉아 있었다. 이렇게 오랫동안 사람들을 들여보내지 않는 것이 이상했다. 수영을 끝내고 나가는 사람들이 분명히 있었는데도, 들여보내지 않는 것이 이상했다. 뭔가 잘못됐다는 생각이 들어 수영장 안을 볼 수 있는 문 쪽으로 가 보았다. 사람들이 얼마나 많길래 이렇게 오래 기다려야 하는지 알고 싶어서였다. 그런데 놀랍게도 수영장 안에는 생각보다 사람들이 많지 않았다. 레슨을 받는 줄이 있기는 했지만, 평소보다 훨씬 적었다. 이럴 수가! 왜 이 많은 사람들의 시간을 이렇게 허비하게 만드는가? 나는 수영장 안의 상황을 확인한 후 다시 접수창구로 가서 목소리를 높였다.

"그동안 수영장 안에서 나오는 사람들이 엄청 많았는데, 왜 들여보내지 않았습니까? 지금 40분 이상 기다렸습니다."

"우리는 수영장 안에서 가드의 연락이 와야 들여보낼 수 있습니다. 저희에게는 들여보낼 권한이 없습니다."

헐, 뭐 이런 개뼈다귀 같은 소리인가! 내가 다시 수영장 쪽으로 걸어가는데 뒤에서 나를 부르며 먼저 온 사람부터 들어가라고 했다. 내가 펄펄 뛰는 소리를 듣고 그제야 자기네들끼리 교신을 한 모양이다. 여기서 멈추면 내가 아니지. 수영장 안에 들어가서 안전요원에게 정원이 몇 명이냐고 물었다. 그는 안전요원 한 명당 40명이라고 했다. 그날 안전요원이 4명이나 있었으니 160명은 수용할 수 있지 않은가! 내가 보니 정원이 훨씬 미달이었는데, 왜 앞 창구로 연락을 안 해서 사람들을 이렇게 오래 기다리게 했냐고 따져 물었다. 안전요원은 이것저것 할 일이 많아서 그랬다고 했지만, 이건 분명 핑계다. 그들은 분명 깜빡하고 연락을 안 한 것이다.

여기 사람들은 기다리라고 하면 정말 인내를 가지고 부를 때까지 얌전히 기다린다. 이 점이 좋을 때도 있지만 답답하기도 하다. 만약 어제 내가 펄펄 뛰지 않았다면 밖에서 기다리던 모든 사람은 한 시간 이상 더 기다려야 했을는지도 모른다.

'침묵하다가 손해 본다.'

'침묵이 때론 금이 아니다.'

하지만 이런 일을 딸에게 얘기하면 혼날 것이다. 딸아이는 내가 펄펄 뛸 때마다 늘 이렇게 말한다.

"Mom, calm down!"

아직도 나는 춤을 춘다

수중 운동이 끝나고 온탕으로 향하는데, 갑자기 빠른 템포의 음악이 수영장 안에 울려 퍼졌다. 신나는 음악에 온탕으로 향하던 발걸음 일시 정지. 내 특기인 막춤 자동 재생. 하하하. 사실 지금 내 몸 상태로는 춤이라고 하기도 민망하지만, 마음만은 그렇게 표현하고 싶었다.

온탕 안에 있던 친한 할매 네 사람이 내 춤사위를 쳐다보더니 '으쌰 으쌰' '앗싸리삐아' 손벽을 치며 자기네도 물속에서 몸을 흔들어 댔다. 나를 포함한 다른 할매들이 모두 물속에서 '푸하하하' 떠들며 펑퍼짐한 엉덩이들을 조금씩 흔들어댔다. 이런 것들은 우리 할매들이 아직도 살아있다는 증거요, 또한 즐거움이다.

나이가 드니 남의 눈치 보지 않고 사는 게 참 좋다. 용기가 백배가 되는 것도 좋고, 젊었을 때 예쁜이였든 못난이였든 이제는 다 똑같이 보이는 것도 좋다. 무엇이든지 다 용납하게 된 것도 참 좋다.

나는 다시 태어나면 춤꾼이 되려나 보다. 음악이 나오면 몸이 자동 재생이다. 헉! 내가 지금 시대에 태어났더라면 얼마나 좋았을꼬! 남자들 다 죽었어! 아닌가?

인생은 예측 불허

오랜만에 한 지인과 통화를 했다. 우리의 인연은 어느새 47년에 이른다. 1976년, 우리가 처음 캐나다 땅을 밟았을 때 도착한 곳은 에드먼턴이었고, 그 시절 그곳에 살던 몇 안 되는 한인 중 한 분이 바로 이분이다. 나보다 세 살 위인 그는 십여 년 전 남편을 먼저 떠나보내고, 남편의 몫까지 짊어진 채 자녀들을 훌륭히 키워냈다.

그는 딸과 아들 이야기를 조심스레 꺼냈다. 딸은 종교가 달라 전화를 걸기 전 요일을 따져야 하고, 아들은 왠지 남의 자식처럼 멀게 느껴진다고 했다. 지금은 홀로 살며, 거동이 불편해 워커에 의지하지만, 다행히 이웃에 사는 한인의 따뜻한 보살핌 속에서 하루하루를 살아가고 있다고 했다.

"내가 정말 건강했잖아요. 건강이라는 건 늘 곁에 있는 줄 알았죠."

그 말이 마음 깊이 박혔다. 그는 한때 밴쿠버에서 고된 김치 공장을 혼자 운영하던 분이다. 그 성실함과 강인함을 기억하는 나는, 그의 입에서 '사는 게 허무하다'는 말이 흘러나왔을 때 오래도록 말을 잇지 못했다.

그는 정말 열심히 살았다. 한국에서는 명문대를 졸업하고 고등학교 교사까지 했던 분이다. 그러나 캐나다에서는 막노동과 허드렛일밖에

할 수 없었다. 그럼에도 주저앉지 않고 묵묵히 삶을 일구어냈다. 그런데 이제 나이 들어 남은 건 병뿐이라는 그의 하소연이 가슴 아프게 와닿는다.

그는 또 우리 집 옆에 살던 백인 가족 소식을 전해주었다. 아이 셋을 둔 부부였는데, 큰아들이 의사가 되었다고 모두가 함께 기뻐했던 기억이 선하다. 그러나 그 의사도 혈액암에 걸려 직업을 내려놓고 지금은 집에서 투병 중이라 한다. 그 가족의 이름과 아이들 이름까지 또렷이 기억하는 이유는, 우리 아이들과 나이가 비슷해 자주 오가던 이웃이었기 때문이다.

그의 이야기를 들으며 다시 한번 느꼈다.
살아간다는 것은 참으로 예측할 수 없는 여정이라는 것을.

그러니 젊은이들이여,
지금 당장 길이 보이지 않는다고 낙심하지 말기를.
열심히 산다고 반드시 뜻대로 되는 것도 아니며,
잠시의 성공으로 자만할 일도 아니다.
인생의 무게는 누구에게나 가볍지 않다.
정상을 밟는 순간에도 우리는 이미 서서히 내려오고 있을지 모른다.
넘어지면 다시 일어나면 된다.
그러나 자만은 우리 눈을 가리고, 절망은 발목을 붙든다.
기쁠 때는 겸손을, 슬플 때는 담담함을,
그리고 언제나 살아있음 자체에 감사하는 마음을 간직하자.

삶은 누구에게나 공평하지 않다.
그러나 그럼에도 우리는 살아갈 이유를
조용히, 그러나 단단히 품고 있어야 한다.

우짜란 말인가, 이 아름다운 정열

2년 전부터 알게 된 마틸다 할매를 수영장에서 다시 만났다. 몬트리올에 사는 그녀는, 남편의 절친이 세상을 떠난 뒤 유산 정리 등의 이유로 여러 번 빅토리아를 찾곤 했다. 덩치가 크고 씩씩하며, 인상마저 무척 상냥한 마틸다 할매는 나를 보자 반색을 하며 다가왔다. 예전 그녀가 올 때마다 우리 집에 초대해 함께 식사한 기억 때문인지, 나에 대한 고마움을 늘 잊지 않는다.

이번에 그녀는 열흘쯤 빅토리아에 머문다며 수영장 탈의실에서 이런 말을 꺼냈다.

"엘리샤, 나는 몬트리올 집에 돌아가기 전에 이곳에서 머리도 멋지게 하고, 손발톱에 매니큐어도 바르고, 이도 하얗게 표백해서 주변 사람들한테 '짜잔~' 하고 나타나고 싶어."

내가 "그래, 멋지게 변신해서 친구들 앞에 당당히 나서봐! 젊어지는 거지 뭐" 하자, 그녀는 생긋 웃으며 "호호호~ Thank you!" 한다.

돌아서며 가는 그녀의 뒷모습을 바라보며 나도 모르게 중얼거렸다.

'그렇게 한다고 뭐가 그리 달라지겠노? 애그그 할매, 우짜란 말이냐.'

그녀의 모습은 분명 젊은 날의 아름다움과는 거리가 멀다. (물론 내가 그녀의 젊은 시절을 본 적은 없지만, 틀림없이 멋졌을 것이다.) 그러나 지금은 살이 오를 대로 오르고, 머리카락은 가늘고 성기며, 이빨은 뾰족하게 질서 없이 들쑥날쑥하다. 손톱과 발톱이야 색을 입히면 좀 예뻐 보이겠지만, 냉정하게 말하자면, 돈만 날리는 일이 아닐까 하는 생각이다.

그런데 또 다른 애쉬라는 할매는 수영장에 오면서도 매번 '톤 온 톤'으로 옷 색을 맞춰 입고 온다. 내가 그 할매를 보면서 "어머, 오늘은 완전 오렌지 테마네?" 하면, "그럼, 나는 매일 옷에 신경 써~" 하고 당당하게 응수한다.

키가 매우 작은 이 할매 역시 몸매라곤 내세울 것 없지만, 립스틱도 바르고 손톱도 다듬고, 자신의 스타일을 놓치지 않는다. "비싼 돈 들이지 않고, 내 선에서 할 수 있는 최선을 다하는 거야"라며 으쓱하는 모습이 멋있지는 않지만 그냥 귀여운 할매 모습이다.

사실 수영장에서 운동이 끝나고 탈의실에서는, 할매들 중에 립스틱을 바르고, 분을 톡톡 두드리고, 아이라인까지 또렷하게 그린 뒤 당당하게 문을 나서는 이들도 종종 보게 된다. 내가 보기엔 화장을 해도 안 해도 큰 차이가 없는 것 같은데, 그들은 분명히 자기만족으로 그럴 것이다. 할매들의 정열은 여전히 우리 안에 살아 있다.

늙어 죽을 때까지 여자를 놓치고 싶지 않은 것, 이것이 여자의 본능이다.

멋 부리는 할매들에게 힘껏 박수… 할매 만세!!

바람 속에 흘려보낸 것

그저께부터 머물던 손님이 오늘 오후에 돌아갔다. 사람을 맞이하는 일은 분명 에너지가 소모되는 일이지만, 그만큼 많은 이야기를 나누며 즐겁고 유익한 시간을 갖게 되니 기쁘다.

나이가 들어 오랜만에 누군가를 만나면 놀라게 된다. '어쩌면 저렇게 늙었을까.' 그리고 곧바로 떠오른다. '저 모습이 곧 내 모습이겠지.' 당황스럽고, 서글프다. 그래서 나이 든 사람들은 최소한 해마다 한 번은 얼굴을 마주해야 한다. 그래야 충격이 덜하다. 몇 년 만에 만나면 그사이 세월이 훌쩍 흘러간 것을 실감하게 되고, 때로는 안 보던 사이에 한껏 늙어버린 얼굴을 보며 마음이 먹먹해지곤 한다.

어린아이들도 다르지 않다. 아주 어릴 때는 느리게 자라다가도 초등학교 고학년쯤 되면 하루가 다르게 큰다. 몇 년 못 본 사이 훌쩍 커 있는 아이들을 보면 세월이 얼마나 빠른지 새삼 느낀다. 아이들은 자라고, 어른은 늙는다. 40대에서 60대까지는 큰 차이가 드러나지 않지만, 70이 넘어가면 변화가 확연해진다. 신체 기능은 둔해지고, 머리카락은 희어지며, 어깨는 처진다. 스스로 늙음이 가까이 와 있음을 느끼게 된다.

며칠 전 밴쿠버 친구와 통화하다가 그는 이렇게 말했다.

"늙으면 만나지 말아야 돼."

우리는 쓴웃음을 지었다. 그 말속에는 옛 모습을 그대로 기억하고 싶다는 바람이 담겨 있었다. 젊은 시절의 웃음과 생기를 간직하고 싶다는 소망 말이다.

어제 다녀온 빅토리아 북쪽에 있는 Malahat Sky Walk에서 그 말이 떠올랐다. 10층 높이까지 구불구불 이어진 오름길에서 강한 바람이 태풍처럼 몰아쳤다. 나는 한 발자국씩 조심스럽게 내디디며 자꾸만 멈춰 서기를 반복했다. 머뭇거리는 내 모습이 낯설었다. 계단 끝에 다다를 즈음, 머릿속에서 쨍하고 울리는 소리가 들려왔다.

"너도 어쩔 수 없는 늙은이야. 이제는 네가 늙었다는 사실을 받아들여. 늙은 사람답게 행동을 조심해야 해."

그 소리는 하루 종일 머릿속에 메아리쳤다. 그렇다. 나는 늙었다. 이제 '늙음'이라는 강의 중간쯤에 서 있다. 그러나 슬퍼할 일은 아니다. '나는 아직 팔팔하다'는 허상은 어제 바닷바람 속에 흘려보냈다.

강한 바람은 내 생각까지 비워냈다. 이제는 늙음을 더 단단하고, 더 유연하게 받아들이리라 다짐한다. 그것이야말로 나이 듦을 제대로 살아내는 첫걸음일 것이다.

오늘도, 그리고 매 순간 깨닫고 다짐한다.

다음 생애 소원들

수영장에서 운동을 마치고 나면 곧장 집으로 가는 사람도 있지만, 어떤 이들은 핫텁이나 사우나에 들러 몸을 더 풀며 여유를 즐긴다. 그러던 중 한 할매가 샌디에게 물었다.

"샌디, 만약 죽었다가 다시 태어날 기회가 주어진다면, 어떤 모습으로 태어나고 싶소?"

키가 작은 샌디 할매는 잠시 생각하다가 대답했다.

"음, 나는 훨씬 더 큰 키로 태어나고 싶소."

그러자 옆에 있던 조이스 할매가 맞장구쳤다.

"아이고, 나는 이 살 좀 덜어내고, 가느다란 여인으로 태어나고 싶어."

조금 더 젊은 할매도 끼어들었다.

"나도 키가 크고 싶어. 그러면 좀 더 날씬해 보이겠지요?"

이야기는 금세 활기를 띠었다. 각자 마음에 들지 않는 부분을 하나씩 털어놓으며 웃음꽃을 피우던 중, 한 할매가 내게 물었다.

"엘리샤, 당신은 어떻게 태어나고 싶어요?"

나는 잠시 머뭇거리다 솔직하게 말했다.

"난 말이요, 이 큰 유방이 작게 태어나면 좋겠어요. 우리 엄마도 젖가슴이 커서 고생했는데, 말년에 늘 거추장스럽다고 하셨거든요. 나도 엄마를 닮아 힘들어요. 젊었을 땐 옷맵시도 살고, 지나가는 남자들의 휘파람도 좀 들었지만, 이 나이에 다 무슨 소용이겠소? 나이 들어서는 간출한 유방이 훨씬 낫지요."

내 말이 끝나자 모두들 "작은 가슴이 뭐 큰 소원이냐" 하며 까르르 웃어댔다. 그런데 옆에서 듣던 한 할매가 눈을 동그랗게 뜨며 고개를 갸웃했다.

"엘리샤, 그런데 당신이 가슴이나 있소? 난 당신이 크다고 생각도 안 했는데…."

그 말투가 '그게 뭐 큰 유방이냐'는 듯해서, 그 자리는 또다시 웃음바다가 되었다.

연예인들은 외모나 재능으로 주목받지만, 우리 같은 보통 사람은 저마다 아쉬운 부분 하나쯤 안고 살아간다. 사실 잘생긴 얼굴, 큰 키, 날씬한 몸매, 명석한 두뇌, 다양한 재능… 이런 것들이 행복과 꼭 이어지지는 않는다. 그럼에도 우리는 여전히 스타들을 부러워한다.

나는 할매들의 소원을 들으며 생각했다. 부디 다음 생에는 그들이 바라는 모습으로 태어나, 마음껏 멋진 인생을 한번 살아내길. 그렇게 바라는 마음으로 수영장 문을 나섰다.

Trophy of Life

저녁에 딸아이와 통화를 했다. 딸은 그때 시카고 공항에서 토론토행 비행기를 타기 두 시간 전이라, 오랜만에 길게 이야기를 나눌 수 있었다. 딸은 내 인생에서 가장 소중한 대화 상대다. 우리는 격식 없이 어떤 얘기든 주고받고, 엉뚱한 말을 해도 그냥 웃어넘긴다.

오늘의 주제는 여성들의 성형 이야기였다. 딸이 말하길, 요즘 한국에서는 쌍꺼풀 수술을 절개하지 않고 간단히 꿰매는 방식으로 진행해 회복도 빠르고 과정도 간편하다고 한다.

나와 딸은 둘 다 쌍꺼풀이 없다. 딸이 어릴 적, 내가 연필로 눈두덩이를 콕 찌르며 "트리샤, 이렇게 하면 더 예쁘겠지?" 하고 장난을 치면, 딸은 단박에 "Nop!"이라며 고개를 저었다. 오늘도 그 얘기를 꺼내며 딸은 웃으면서 말했다.

"나는 그냥 생긴 대로 살다 갈 거야. 하나님이 이렇게 창조해 주셨으니 감사히 받고 살아야지."

아직도 내겐 꼬마 같은 딸이지만, 그 말이 제법 근사해서 나도 웃음이 났다. 그러더니 이번엔 나이가 들어 생긴 주름에 대해 한바탕 철학적인 연설을 늘어놓았다.

"Wrinkles are a glorious expression of life, a testament

to the journey I have taken. They tell the story that I have lived well and stayed healthy until now."

(주름은 내가 살아온 여정의 영광스러운 표현이에요. 지금까지 건강하게 잘 살아왔다는 증거지요.)

하하, 꼬마였던 딸이 어느새 쉰을 넘기더니 이제는 철학자가 다 된 모양이다. 사실 나도 요즘 거울을 보며 입가의 오골조골한 주름을 양손으로 잡아당겨 보곤 했다. 그런데 딸 말대로라면, 이 주름은 감출 것이 아니라 자랑할 것 아닌가.

주름은 삶의 트로피다. 우리가 달려온 세월의 기록이고, 쓰러지지 않고 여기까지 걸어온 증거다. 젊은이들이 자랑삼아 들고 다니는 반짝이는 상장이나 메달 대신, 늙은이들의 얼굴에는 깊게 파인 주름이 있다. 그것은 패배의 흔적이 아니라 견딤의 훈장이고, 인생의 성취를 보여주는 가장 정직한 증거다.

나는 이제 거울 앞에서 주름을 당겨 펴지 않기로 했다. 오히려 조금 더 당당히, 그 트로피들을 내 얼굴에 걸고 살아야겠다.

젊은이들이 노인을 결코 따라오지 못하는 것

요즘처럼 정보가 화살처럼 빠르게 쏟아지는 시대는 인류 역사상 없었다.

예전에는 무엇 하나 알아보려면 커다란 백과사전을 꺼내 먼지를 털고, 두꺼운 책장을 이리저리 넘기며 가까스로 원하는 답을 찾아야 했다. 그래도 그 정보는 지금처럼 상세하지 않았고, 원하는 지식에 도달하기까지 걸리는 시간은 달팽이가 기어가는 듯 더뎠다.

그런데 이제는 어떤가? 손에 쥔 작은 전화기 하나만 있으면, 아니, 손목에 찬 시계만으로도 우리는 온갖 정보를 즉시 불러낼 수 있다. 머리가 비상하지 않아도, 배경지식이 없어도, 적절한 키워드만 입력하면 가장 정확한 답변이 눈앞에 펼쳐진다. 마치 마법 같다.

하지만 이렇게 편리한 세상도 나이 든 이들에게는 따라잡기 쉽지 않다. 하루가 다르게 변하는 기술 속에서 허덕이고, 어쩌다 익힌 것도 금세 구식이 되어버린다. 그래서 많은 노인들은 자신이 아는 만큼만 쓰며 그것으로 만족하려 한다. 그러나 나는 아직 포기하지 않는다. 조금이라도 시대의 흐름을 따라가기 위해, 꾸역꾸역 꽁무니라도 잡아보려 애쓴다.

그러나 젊은이들이 아무리 발전된 기술 속에서 활개를 친다 해도, 결코 따라잡을 수 없는 것이 있다. 바로 인간의 감정을 다루는 법이다.

이것은 배워서 되는 일이 아니다. 삶을 부딪치며, 넘어지며, 아파하며 차곡차곡 쌓아가는 지혜다. 나는 요즘 사람들을 대할 때, 가능한 한 넉넉한 마음으로 이해하려 한다. 살아보니 인생이란 그리 대단한 것도 아니고, 신경질을 낸다고 해서 내게나 상대에게 득이 되는 것이 하나도 없음을 알게 되었다. 이것이야말로 인생 70을 넘기며 얻은 보물 같은 깨달음이다.

예전에는 이런 일들로 마음이 상하곤 했다.

"왜 늦게 왔을까? 왜 약속을 안 지킬까? 나는 이렇게까지 신경 쓰는데, 왜 저 사람은 내게 무관심할까?"

이런 생각들이 나를 괴롭혔다. 하지만 이제는 그냥 '아, 그랬구나' 하고 흘려보낸다. 나이 들어서 그런 건지, 마음의 수양이 된 것인지 알 수는 없다. 다만 이렇게 살아가니 조바심도, 애탈 일도, 헛된 기대도 사라지고 매일이 한결 편안하다.

나이 든 사람은 젊은이들에게 많은 면에서 뒤처질 수밖에 없다. 그러나 우리가 당당히 내세울 수 있는 것이 하나 있다. 그것은 삶이 가르쳐준 지혜다.

"우리는 잘 참는다. 우리는 잘 이해한다. 우리는 기다린다."

세상 잔치,
천국 잔치

세상 잔치, 천국 잔치

내 주변 사람 중에는 나에게, 몸이 예전 같지 않은데 왜 이렇게 많은 일을 하느냐고 묻는 이들이 있다. 그럴 때마다 나는 일하는 것이 나를 유지해 주는 것이라 답한다.

오늘 낮에는 교우 한 분이 쑥을 캐러 우리 집에 왔다. 이 자매는 멀리 살지만, 며칠 전 내 글을 보고 쑥이 먹고 싶다며 연락을 해 왔다. 나는 당연히, "달려오세요!" 했다. 자매는 지체 없이 우리 집 대문을 두드렸다. 얼마나 많은 쑥을 캤는지 보진 않았지만, 쑥밭에서 한참 동안 있었으니 아마도 원하는 만큼 많이 캐 갔을 것이다. 그래도 우리 집 쑥밭에는 여전히 쑥이 계속 올라오고 있다. 우리는 함께 커피를 마시고 우리 집 트레이드마크인 붕어빵을 만들어 먹으며 한바탕 웃고 떠들었다. 내일 우리 교회 청년들을 저녁에 초대하는 걸 아는 이 자매는, 코스트코에서 사 온 왕새우의 껍질을 다 까주고 갔다.

부엌 싱크대에 물에 담가둔 고사리를 본 하숙샘이 물었다.

"또 잔치군요. 내일은 몇 명이나 와요?"

"아마도 열여덟 명쯤요."

"엘리샤 씨는 천국에 가서도 잔치를 벌이겠어요."

"네에? 천국에서까지 잔치를요? 천국에서는 편히 쉬어야죠."

"그래도 그 손이 근질근질해서 가만히 있겠어요? 천국에는 각종 재료가 다 있으니 마켓에 갈 일도 없을 테고, 하고 싶은 요리 다 해서 '얘들아, 다 모여라. 오늘은 천국 요리다'라고 대장 노릇을 할 거예요."

"으ㅎㅎㅎㅎ, 그래도 하나님께서 저를 이제 그만 고생하라 하시면서 편히 쉬게 하실 테죠."

그래도 하숙생과 천국 이야기를 하니 기분이 좋았다. 언젠가는 우리가 가야 할 그곳에 대한 이야기는 언제나 희망이 아닌가! 만약 내가 천국에서도 요리하게 된다면 생각만 해도 요리가 뚝딱 접시에 담길 것 같고, 먹고 나서 설거지는 안 해도 될 것이다. 생각해 보니, 요리가 뭐 그리 대수겠는가? 하나님께서는 우리가 상상도 못 했던 더 많은 비밀스러운 것들로 우리를 놀라게 하실 테니, 천국에는 꼭 가야만 할 것 같다.

천국 잔치가 진짜 잔치다.

이것이 축복이다

우리 집을 처음 방문하는 사람들은 다들 현관에서부터 이 층으로 연결된 커다란 천장에 그려진 그림을 보고 놀라면서 묻는다.

"어머나! 저 높은 곳에다 어떻게 그림을 그렸어요?"

에덴동산 천장화인데, 내가 이 집에 막 이사 오고 반년 만에 그린 그림이다. 그러고 보니 벌써 12년 전의 일이다. 그때는 내가 만 예순한 살로 비교적 젊었을 때라 높은 사다리에 올라가서 그림을 그릴 수 있었지만, 지금은 상상도 할 수 없다. 천장화를 본 사람 중에는 미켈란젤로를 떠올리게 된다거나 미켈란젤로 같다는 등의 덕담을 해주기도 한다.

저녁에 유명 화가들의 생애와 작품을 보다가 천재 화가 '미켈란젤로' 편을 보게 되었다. 특히 바티칸 시스티나 성당에 그려진 〈천지창조〉의 웅장함에 놀라고 감격했다. 어디 감히 미켈란젤로와 나를 비교할 수 있겠는가? 미켈란젤로가 이 얘기를 들으면 무덤에서 흥분하며 뛰쳐나올 것이다.

그래도 우리 집 천장의 에덴동산에는 소박하게 세상의 모든 꽃이 피어 있고, 사과나무에 사과가 달려 있다. 사슴, 벌, 나비, 그리고 부엉이가 노닐고 있다. 해와 달과 별, 그리고 구름도 한 자리를 차지하고 있다. 그림 중간에는 예수님이 가시면류관을 쓰고 계셨는데, 이제는 그 가시관을 내려놓고 해님으로서 채워져 있지만 그 해님 속에 계신 예수님께서 매일 나의 삶을 살펴 주신다.

내가 이 집에서 혼자 살 때, 사람들이 가끔 내게 묻곤 했다.

"혼자 그 집에 사는데 무섭지 않으세요?"

"내가 남한테 공격당할 짓을 안 했는데 뭐가 무서워요? 그리고 예수님이 24시간 지켜 주시는데!"

만 네 살 때부터 나는 내 뒤에는 항상 예수님이 계신다는 것을 확실히 믿었기 때문에 깜깜한 밤에도 엄마를 깨우지 않고 혼자 일어나 화장실을 갔었다. 옛날 화장실은 실외에 있었고 그것도 재래식이었다. 두려움 없이 살아가는 것 이것이 바로 축복이다.

종교가 사상보다 한 수 위다

정지아의 장편소설 《아버지의 해방일지》를 읽기 시작했다. 이 소설은 첫 장부터 압도적인 몰입감으로 사람을 흥분시킨다. 작가의 손끝에서 펼쳐지는 암울했던 시대의 감정이 고스란히 전해지며 마치 훌훌 말아먹는 막국수처럼 빠르게 읽히고 또 그 맛 또한 일품이다. 이 작품의 47쪽 원문을 소개한다.

두 노인네는 매일 아침 투닥거리며 늘그막을 보냈다. 신문을 들고 집에 온 아버지는 어머니와 내 앞에서 평생 교련 선생 한 놈이 조선일보만 본다고 박 선생 흉을 보았다. 귀에 못이 박히게 듣던 말이라 어느 날 짜증이 나서 물었다.
"생각이 다르면 안 보면 되지. 애도 아니고 맨날 싸우면서 왜 맨날 놀아요?"
아버지는 언제나처럼 아랫목에 자리를 잡고 신문을 착 펴면서 말했다.
"그래도 사램은 갸가 젤 낫아야."
아버지에게는 사상과 사람이 다른 모양이었다. 예전에도 그런 말을 한 적이 있다. 광주교도소에서 함께 복역한 동지 한 사람이 떠르르한 지주의 자식이었다. 그에게는 늘 사식이 풍성하게 들어왔다. 그 사식을 벤소에 숨겨놓고 돼지처럼 저 혼자 먹었다고, 진짜배기 혁명가가 아니라고, 아버지는 두고두고 흉을 보았다.

"여호와의 증인들이 한 감방에 있었는디 갸들은 지 혼자 묵들 않애야. 사식을 넣어주는 사램 한나 읎는 가난뱅이 들헌티 다 노놔주드라. 단 한명도 빠짐없이 글드랑게. 종교가 사상보담 한질 윈갑서야."

작품의 주인공인 아버지는 사회주의 사상을 깊이 믿고, 가난하고 힘없는 사람들을 헌신적으로 도와온 정직하고 선한 사람이었다. 그러나 그는 감옥에서 여호와의 증인이 행한 사식 나눠 먹는 선행을 보고, 그는 '종교가 사상보다 한 수 위'라는 말을 남겼다. 깊은 감동을 주는 이 문장에 시선이 멈춰, 나는 한동안 다음 책장을 넘기지 못했다.

불편한 진실

 어제 밤늦도록 읽던 《하얼빈》을 덮으며 한숨이 저절로 새어 나왔다. 책의 마무리 단계에 나오는 프랑스 선교사 뮈텔 주교의 이야기가 큰 충격을 주었기 때문이다. 뮈텔 주교는 '조선 대목구장'으로 임명된 1890년부터 1933년 선종할 때까지 일기를 썼는데 이는 200자 원고지 3만 장 분량이다. 그는 교회 행정가이며 사학자로 명성이 높지만 안중근의 천주교 신자 자격을 박탈해 종부성사마저 거부한 인물이기도 하다. 또한 동생 안명근이 데라우치 총독을 암살하려는 계획을 일제 아카보 장군에게 밀고(1911년 1월 11일 일기)하는 등 친일 행적으로 논란이 된 인물이었다.
 이런 과정에서 안중근의 영적 아버지였던 빌렘 신부는 안중근의 사형집행 전 뮈텔 주교에게 그가 종부성사를 받을 수 있도록 허락해 달라고 간청했지만 일언지하에 거절당하게 된다. 그 이유는 안중근이 제 발로 교회 밖으로 걸어 나가서 죄악을 저지른 자이기 때문이라는 것이다. 하느님을 대신해서 그의 죄를 사하여 줄 수가 없단다. 헐, 헐, 헐! 뭐 이런 개뼉다귀 같은 주교가 있어? 그럼, 예수님이 십자가에 돌아가실 때 오른편에 있던 강도가 회개할 때 '오늘 네가 나와 함께 낙원에 있을 것'이라고 말씀하신 것은 무엇인가?

그러나 빌렘 신부는 뮈텔 주교의 말을 무시하고 안중근을 찾아가 마지막으로 고해성사와 병자성사를 주고 왔다. 그런데 뮈텔 주교는 그런 빌렘 신부까지 처벌한 악질적인 신부였다.

뮈텔 주교에 대해 검색해 보다 일제 강점기 당시 외국 선교사들의 한국과 한국인에 대한 인식을 알 수 있는 기사 대목이 있어 소개한다. 한겨레에 실린 내용이다.

> 뮈텔은 한국어와 한국식 한자에 능통했지만 그의 일기엔 한국인이 부재한다. 일기에 프랑스인이나 외국인 천주교 신자들, 한국과 일본의 고급 관리들이 무수히 등장하지만, 한국인 신자들은 거의 등장하지 않는다. 성직자를 제외한 한국인과의 식사를 묘사한 기록도 없다. 뮈텔 신부는 한국인들에 대해 차별적인 우월의식이 있었으며 뮈텔과 프랑스 선교사들은 동양의 미개한 지역에 와서 봉사한다고 생각해 한국인 성직자마저 동역자로 인식하지 않았다.

뮈텔 주교에게 묻고 싶다.
"그렇다면 이토 히로부미가 죄 없는 사람을 수없이 죽인 핏값은 어디에서 찾을 수 있는가? 무텔 주교는 선한 사람들을 우롱하지 말고 악을 행치 말라!"

어린이 대통령

나는 9월, 10월 꼬박 두 달 동안 토요일마다 우리 집에서 'Fun with Alicia' 행사를 열었다. 이 행사는 아이들이 동심을 마음껏 펼치면서 즐거운 시간을 보낼 수 있도록 해 주고 싶은 생각에서 시작됐다. 아이들과 함께 쿠키 굽기, 작은 피자 만들기, 그림 그리기, 전래동화 들려주기, 성경 인물 파펫쇼, Show and Tell, 바느질, 닭 모이 주기 등 다양한 활동으로 행사를 꽉 채웠다.

하린이는 이번 어린이 행사에 다녀간 아이 중 하나다. 자기가 만든 카드를 나에게 주려고 예배 후 나를 찾아다녔다고 한다. 예배가 끝나자 아이들이 줄을 서며 다가왔는데, 모두 우리 집에 다녀간 꼬마들이었다. 지금 하린이가 주고 간 그 카드를 책상 위에 올려놓고 조용히 미소 짓고 있다. 아이들은 정말이지 천사 같다. 이렇게 순진하고 사랑스럽게 자라주기 바라는 마음을 오늘도 기도로 올린다.

아이들이 우리 집에 다녀간 후, 또 오고 싶다는 말을 자주 들으니 내 마음이 약해지기 시작한다. 나는 달력을 펴고 다음 달의 빈 시간을 찾아보다가, 12월 17일에 크리스마스 파티를 열기로 결정했다. 이번에는 나이가 9살 이하인 아이들만 초대하기로 했다. 부모님들께는 양해를 구하고, 파티 시간은 12시부터 2시까지로 정했다. 아이들에게는 비밀로 하고, 당일에는 엄마가 어디에 데리고 간다고 하면서 우리 집에 오면 된다.

만약 매직맨과 약속이 되면 모시고 올 계획인데, 12월은 워낙 바쁘니까 장담은 못 한다. 두 명의 매직맨을 알고 있기 때문에 한 사람이 안 되면 다른 사람에게 부탁해 볼 생각이다. 아이들이 얼마나 좋아할지 생각만 해도 내 가슴이 잘 익은 술빵인 양 부풀어 오른다.

나는 제비뽑기로 아이들 중 한두 명에게 근사한 선물도 줄 것이다. 이 모든 것은 비밀로 해달라고 부탁드린다. 음식도 아주 많이 준비해서 아이들이 깜짝 놀랄 만큼 근사하게 차려볼 계획이다. 예배를 마치고 지나가는데 내 등 뒤에서 누군가가, "엘리샤 권사님은 어린이 대통령이다!"라고 외치는 작은 목소리가 들려왔다.

허, 참, 대통령 되기 참 쉽네. 선거도 안 치르고 어린이 대통령이 된 나는 '이 작은 무리를 어떻게 하면 더 즐겁게 해 줄까?' 무거운 책임감을 어깨에 짊어지고 집으로 돌아왔다.

사탕 한 알의 사랑

교회에서 예배를 마치고 친교실로 가는 길에 꼬마 하나가 쪼르르 다가와 손에 뭔가를 쥐여 주고 갔다. 펼쳐 보니 작은 사탕 하나였다. 집에 가져와 책상 위에 올려놓고는 한참을 쳐다보면서 싱긋 웃어본다.

어린아이가 지금 내게 줄 수 있는 것은 이 사탕 하나일 것이다. 나는 이 사탕의 가치를 아주 높게 평가하고 싶다. 아이와 나는 많은 대화를 나눌 수 없다. 그들은 아직 세상을 많이 경험해 보지 않았고, 언어 표현도 서툴기 때문이다. 나도 마찬가지로 그들에게 많은 이야기를 해 줄 수 없다. 그러나 우리가 서로 통할 수 있는 것은 함께 놀고, 함께 먹고, 그저 가식 없이 자유롭게 웃는 것이다. 아이들은 그것이 필요하다.

나는 아이들이 우리 집에 와서 놀 때 특별한 것을 해 주지 않는다. 나 역시 아이들의 한 자리일 뿐이다. 먹는 것도 억지로 먹이려고 하지 않고 노는 것도 자기 노는 곳에서 놀게 하고 그림 그리는 것도 하고 싶으면 하고 싫으면 안 하고…. 어릴 때부터 뭐 인생 힘들게 길들일 것인가. 앞으로 살아갈 일이 구만리인데 어릴 때라도 편안하게 살아야 한다. 아무리 똑똑해도 시대가 받쳐주지 않으면 성공할 수 없고 아무리 성공했다 해도 건강이 받쳐주지 않으면 물거품이 된다.

사탕 한 알에 크게 감동한 엘리샤는 이 행복을 오래도록 간직하려고 한다.

Yes, I can do it!

교회에서 보내온 소식지를 읽다, 눈이 들어오는 것이 있다. 봉사자 모집 공고이다. 내년 교회 일에 필요한 봉사 부분이 열여섯 개나 된다고 한다. 내가, 이 시점에서 할 수 있는 봉사가 무엇이 있을까 곰곰이 생각해 보니 그리 많지 않다. 아니, 많지 않은 게 아니라 딱 한 곳밖에 없다. 대부분 몸을 직접 움직여서 해야 하는 봉사이기 때문에 현재 나의 상황으로는 불가능하다.

교회에서 매주 주일학교 교사가 많이 부족하다고 신청을 요하지만, 신청자가 적은지 아니면 아예 없는지 선생이 절대적으로 필요한 상황이다. 나는 과거에 주일학교 반사를 오랫동안 해 왔고 미국에서도 봉사한 경험이 있다. 아이들이 무엇을 좋아하는지도 내 나름 파악하면서 결석한 아이들에게는 금주에 나눈 말씀이 무엇이었다고 월요일에 카드를 만들어 집으로 보내곤 했었다. 매주 자비로 달라스토어에서 산 선물도 나누어 주면, 아이들이 나를 좋아하는 것이 아니라 선물이 좋아서 우리 반 출석률이 좋았던 경험이 있다.

그렇지만 알다시피 나는 이제 그런 일이 불가하다. 아이들도 젊은 선생을 좋아하지, 할머니 선생은 별로일 것이니 여기에 기웃거릴 수 없을 것 같다. 거기에 또 몸이 비실거리니 내가 현재 교회에서 할 수 있는 것이라는 것이 집에서 교인들이나 교회를 위해 기도하는 것과 초대해서 식사 봉사하는 것뿐이다. 시간과 공간을 초월해서 기도는 하나님께 올리는 것이니 기도 제목만 받으면 편하게 할 수 있지 않을까 싶다.

이렇듯 사람은 항상 젊지 않다. 아무리 봉사를 하고 싶어도 나처럼 나이 들고 아프게 되면 모든 일에 제동이 걸린다. 젊은이들에게 권면한다. 젊었을 때 조금 힘들더라도 누군가가 부탁하는 일에 기쁜 마음으로 동참해 주시오. 이 나이 되어 보니 시간은 너무 빨리 지나가고 몸은 날로 후퇴해 가니 하고 싶어도 못 하는 날이 온다. 젊은이들이여 이렇게 구령을 외쳐보면 어떨까요?

"Yes, I can do it!"

우주의 먼지로 돌아가는 인생

요즘 유시민 작가의 《문과 남자의 과학 공부》를 읽고 있다. 이제 거의 다 읽어가고 있는데, 이 책은 과학, 생물학, 화학, 물리학, 수학 등 많은 영역을 다루면서도 우주의 절대자인 하나님에 대한 언급은 단 한 줄도 없다. 복잡한 천체, 양자와 중성자 등등의 개념은 듣기만 해도 머리가 지끈거린다. 그러나 이 인문학을 전공한 저자가 과학을 어떻게 공부하고 있는지에 대한 흥미로 틈틈이 읽고 있다.

어제는 〈별에서 온 그대〉라는 소제목이 눈길을 끌었다. 생물의 몸은 세포, 분자, 원자로 이루어져 있다. 사람의 몸을 원자 단위로 분해하면 산소, 탄소, 수소, 질소, 칼슘, 인이 질량의 99퍼센트를 차지한다. 별도 태어나고 죽으며 그 과정은 사람의 생애와 비슷하다. 저마다 주어진 시간이 있다. 절정기에는 스스로 제어하지 못한 에너지를 내뿜는다. 짧고 장렬한 최후를 맞기도 하지만 생애의 마지막이 길고 초라한 경우도 있다. 사람과 닮았다.

칼 세이건은 별이 무엇인지 알고 싶어서 천문학자가 되었다는데, 나는 별이 무엇인지 알고 나서도 나를 생각한다. '난 어떤 별이지?' 이렇게 글이 이어진다. 빅뱅 이야기는 빼놓을 수 없는 것이고, 별은 빅뱅 이후 90억 년도 지나서 태어났고 현재의 태양은 젊은 별이다. 이 태양이 지금까지 45억 년 살았고 그보다 조금 긴 생애를 앞두고 있다고 한다. 이렇게 두 페이지 긴 얘기 끝에 이런 글로 마감한다.

"우리는 우주의 먼지로 돌아갈 것이다."

여기까지 읽고 난 후 피식 웃음이 새어 나왔다. 성경 시편 90장 3절, "주께서 사람을 티끌로 돌아가게 하시고…"에는 우리 인생이 티끌 같다고 시편 기자가 이미 말해 주고 있다. 이처럼 성경은 이미 쉽게 우리들의 살아갈 방법과 이웃과의 행복한 삶에 대해 말해 주고 있으니 얼마나 고마운가!

이 나이에 학문을 깊이 연구할 일도 아니고 우주의 나이를 알아서 내게 뭐 덕이 되는 일도 없을 테니 이즈음에 책을 덮기로 했다. 그러나 위의 학문들을 연구하여 발표하는 분들에게는 대단한 존경심을 보내고 싶다. 그런 과학자들, 생물학자, 물리학자, 뇌과학자, 그리고 우주 과학자들이 있기에 세상은 좀 더 편리하게 발전해 나가고 있기 때문에 감사하다.

착하게만 살지 마라

"착하기만 하면 안 돼."

가까이 지내는 분이 늘 내게 하는 말이다. 나도 이 말에 동의한다. 주위에 'No'를 못 하고 불이익을 감수하는 사람들이 너무 많다. 특히, 어릴 때부터 교회에 다닌 사람들은 선함과 똑똑함을 구분하지 못한 채 살아가는 경우를 종종 보아 왔다.

그분은 투덜거리며 말한다. 돌아가신 어머니가 굉장히 까다롭고, 작은 며느리에게 엄청나게 엄하셨다. 하지만 큰 며느리에게는 달랐다. 큰며느리는 처녀 때부터 술과 담배를 좋아했는데 결혼하고도 고치지 않고, 시어머니에게 당당하게 말했단다.

"내가 좋아하는 걸 왜 못 하게 하십니까? 어머니 말씀에 동의할 수 없습니다."

그 후 어머니는 이 큰며느리에게는 꼼짝 못 하고 오히려 눈치를 보며 하셨다고 한다. 그와는 반대로, 작은며느리인 그분의 아내는 착하고 순해서 시어머니에게 할 말을 못 하고 고생만 하다가 마흔도 못 되어 세상을 떠났다고 한다. 남편은 그런 아내를 불쌍하게 여기면서, 어머니에게 대들지 못한 것이 원망스럽다고 한다.

결국 착하기만 하면 자신의 이익을 제대로 챙기지 못하기 때문에 싫을 때는 처음부터 'No'라고 단호히 말할 줄 알아야 한다. 삶의 싸움터에서도 자신을 불리하게 만드는 사람과는 초반부터 싸워 이겨야 한다. 착하게 살다가 손해 보지 않으려면 스스로 강해져야 한다.

어릴 때부터 여자들은 다소곳해야 한다고 배웠다. 하지만 이것은 남자들이 여자의 감정을 억압하기 위한 것이었다.

여자들이여, 착하게만 살지 말라.
여자들이여, 할 말을 하라.
여자들이여, 싫으면 No라고, 분명히 말하라.
여자들이여, 불공평한 일에는 당당히 맞서라.

이 세상에서 가장 귀한 것

　이 세상에서 가장 소중한 것은 두말할 것도 없이 사람의 목숨이다.
　오래전부터 알고 지내던 여집사의 아들이 일주일 전에 심장마비로 세상을 떠났다는 소식을 조금 전에 전해 들었다. 이 아들은 안타깝게도 쉰한 해의 짧은 생을 마감했다. 내가 밴쿠버에 살 때, 그 청년은 초등학교 시절부터 우리 아이들과도 아주 친하게 지냈다. 그는 부유하고 성격 좋은 부모 아래에서 잘 자랐으며, 캐나다에서 공부를 마친 후 한국으로 돌아가 유명한 회사에서 승승장구했다. 그런데 새로운 부임지를 위해 맞춰놓은 양복이 수의(壽衣)가 되었다니, 가족의 슬픔은 이루 말할 수 없을 것이다.
　이 가족은 몇 번이나 "인생, 별것 없어요. 너무 허무하네요"라며 깊은 상실감을 토로했다. 나도 우리 아이들을 생각하며, 만약 내 자식이 이런 일을 겪었다면 어땠을까 하는 마음에 함께 슬퍼하며 위로의 말을 전했다.
　"한국 대기업에서 높은 자리까지 올랐으니, 그 무게를 견디기 위해 얼마나 많은 신경을 썼겠어요"라고 전해주는 이의 말처럼, 그렇게 많은 노력이 이른 나이에 세상을 떠나게 되면서 모두 물거품이 되어 버린 것만 같다. 생전에 그 청년은 한국에서 남들이 부러워하는 동네의

초호화 주택에 살았다고 한다. 그러나 그 행운도 그가 세상을 떠나는 순간까지였을까? 그의 갑작스러운 죽음을 보며 나는 젊은이들에게 이렇게 말하고 싶다.

  너무 빨리 달리지 말고 천천히 가라. 공부도, 운전도, 출세도.

당근과 채찍

아이들을 키울 때 나는 자유를 주되 엄격한 규칙도 함께 적용했다. 일종의 당근과 채찍을 병행한 셈이다. 예를 들어, 식사 시간에 세 번 불러도 나오지 않으면 차려 놓은 음식을 다 치워 버렸다. 처음엔 아이들이 당황해했지만 한 끼 두 끼 굶고 나서는 '하나, 둘, 셋'만 외쳐도 식탁 앞으로 우르르 달려왔다. Sleepover도 내가 신뢰하는 부모의 집에서만 허락했고, 상대 아이들도 부모의 허락을 받은 후에 우리 집에 올 수 있게 했다.

아이를 키우는 일만큼 힘든 과업은 없다. 18세 성인이 되기까지의 여정은 눈물겨울 정도로 헌신적이어야 한다. 요즘에는 사춘기를 겪으며 부모의 속을 썩이는 아이들도 많다. 우리 집안에도 몇 년 전 그런 사춘기 시절을 겪은 아이가 있었는데, 지금은 정신 차리고 열심히 공부해 미국의 유명 로스쿨에 다닌다.

아이들을 먼저 키워 본 경험자로서 아이를 키우는 데 있어 중요한 몇 가지 지침을 독자들과 나눠 본다.

오냐오냐는 금물: 아이가 어릴 때는 부모가 자식에게 져서는 안 된다.

밥을 안 먹으면 굶겨라: 아이들은 한 끼 굶는다고 절대로 죽지 않는다.

사고 치는 아이도 기다려주라: 부모의 기도가 있으면 아이는 반드시 돌아온다.

부족함을 경험하게 하라: 모든 것을 해결해 주면, 아이는 이기적으로 자란다. 남을 이해하는 넓은 마음을 기르기 위해서라도 부족한 부분이 있어야 한다.

잔소리는 줄여라: 자녀의 행동을 뒤에서 조용히 관찰하되 잘못된 길로 갈 때는 단호하게 바로 잡아라.

이성 친구와의 교류를 장려하라: 사랑과 이별을 겪으며 성숙해질 기회를 주어야 결혼 생활도 잘할 수 있다.

무섭지만 좋은 부모로 기억되게 하라: 아이들이 성인이 되어 돌아봤을 때, 무섭지만 좋은 부모로 기억되게 기르라.

믿음 안에서 자유롭게 성장시켜라: 어린 시절부터 신앙을 가지면 올바른 길을 가는 데 큰 도움이 된다.

아이들이 자유 속에서 책임감을 배우고 부모의 사랑과 엄격함을 동시에 경험할 수 있도록 균형을 맞추는 것이 중요하다.

마음이 꼬인 사람들

예수님이 가난하게 살다 갔다고 해서 목사들도 그렇게 살아야 한다는 것은 건강한 생각이 아니다. 인간인 목사를 예수님에 대입시키는 것은 옳지 않다. 이런 왜곡된 생각을 하는 사람들을 보면 참으로 안타깝다.

내가 빅토리아에 이사 온 지 벌써 14년이 됐다. 그때부터 지금까지 빅토리아 은혜장로교회를 다닌다. 내가 기억하기로는 교회에 출석한 이듬해 1월, 예산 및 결산 심의를 위한 공동의회가 열렸었다. 당시 교회는 지금보다 교인이 적었고 나는 처음 온 신도라 회의 중에 듣기만 했다. 이런 회의에서는 성도들이 주로 목사의 사례비에 관심을 가지기 마련이다. 예산안을 읽고 난 후, 내가 불편한 마음에 손을 들었다.
"목사님 사례비가 줄어들었는데, 너무 적다고 생각합니다."
사람들이 신입인 내가 용감하게 의견을 내는 것을 이상하게 여겼다. 그러자 한 성도가 반대하며 자신도 적은 월급을 받는다고 주장했다. 이건 뭐지? 내가 월급을 적게 받으면 목사도 적어야 한다는 것인가?
결국 목사의 사례비는 예산안대로 줄어들었고, 내 의견은 묵살됐다. 집으로 돌아오는 길에 사람들의 태도가 무척 야박하게 느껴졌다. 물론 대형 교회에서 과도한 사례비를 받는 목사들도 있지만, 작은 섬마을에서 여섯 가족이 받는 목사 사례비가 나 혼자의 월급보다 적다는 사실에 충격을 받았다.

목사 월급을 깎는 데 찬성한 그 성도의 직장은 현재 월급이 적지만 은퇴 후에는 많은 연금을 받을 수 있어 노후 걱정이 없는 든든한 직장이다. 목사가 자기보다 더 많이 받아서는 안 된다는 논리가 어디에서 오는 걸까? 이민자 중에는 자기들이 여러 가지로 마음고생을 많이 하기 때문에 목사 월급이 많으면 심기가 불편하다는 사람들이 있다. 작은 교회에서 목사에게 과도한 월급을 주는 곳은 없다. 어느 날 한 교인과 이런 문제로 통화하게 되었는데 나는 그 성도에게 언성을 높이고 말았다.

"나는 단 한 번도 내 월급이 적어도 목사님이 더 받는다는 생각을 해본 적이 없소. 목사님들은 새벽기도, 금요기도, 주중 심방 등 많은 수고를 하고, 그 사례비는 고작 최저임금 수준이에요."

찾아갈 집이 있다

아침 일찍 바다를 건너 배를 타고 온 손님과, 또 하루의 일을 마치고 잠자리에 드신 하숙 선생님은 고요히 휴식에 들었다. 집 안은 마치 주님께서 주시는 평안처럼 잔잔했고, 모든 만물이 쉼을 누리고 있었다.

나는 이층 침대에 잠시 몸을 누였다가, 조용히 아래층으로 내려와 컴퓨터 앞에 앉았다. 글을 쓸 힘조차 없어 '오늘은 그냥 쉬자' 했던 마음이었는데, 문득 내일 아침 식사로 내어드릴 베이컨을 꺼내지 않았다는 것이 생각났다. 그 사소한 움직임이 나를 다시 깨어나게 했다. 펜을 다시 들 힘이 솟아나는 순간, 나는 그것이 작은 기적임을 깨달았다. 내 나이에, 자정을 훌쩍 넘긴 시간에 다시금 글을 쓰도록 붙드시는 은혜. 감히 말하건대, 이는 하늘이 내게 베푸신 선물이었다.

오늘 찾아온 손님은 오래전 내 글을 읽고 무작정 배를 타고 이 섬에 찾아왔던 자매였다. 인생의 큰 파도에 휩쓸려 지쳐있던 그때, 주님께서 인도하신 걸음처럼 다가온 그 만남은 내 마음에도 깊은 울림을 주었다. 11년이라는 세월이 흘렀지만, 오늘 그녀가 문을 열고 들어서는 순간, 마치 어제 만난 사람처럼 자연스러웠다. 그녀의 눈은 여전히 맑았고, 지성과 고요한 인품은 더욱 빛을 발하고 있었다.

낮에는 함께 Galloping Goose 해변을 거닐며 햇살을 받았다. 아이들이 모래성을 쌓고 웃음 짓는 모습, 가족들이 따스한 햇볕을 즐기는 풍경은 마치 천국의 한 장면 같았다. 밀려오는 파도와 수정처럼 맑은 바닷물은, 주님께서 지으신 창조의 아름다움을 찬양하듯 반짝였다.

저녁에는 하숙 선생님이 준비해 주신 포도주를 나누며 서로의 이야기를 풀어냈다. 그것은 단순한 대화가 아니라, 서로의 삶을 어루만지고 위로하는 은혜의 시간이 되었다.

나는 그녀의 웃음을 보며 감사했다. 세월이 그녀를 단단하게 빚었는지, 아니면 하나님께서 처음부터 심어주신 힘이 이제 드러난 것인지 모르겠다. 그러나 분명한 것은, 그녀의 삶이 빛을 향해 나아가고 있다는 사실이었다.

주님은 때로 우리에게서 어떤 것을 거두어 가시기도 하지만, 그 안에서 더 큰 선을 이루신다. 우리의 눈물과 고통조차 주님의 손에 올려드릴 때, 그것이 언젠가 기쁨과 위로로 바뀌는 것을 우리는 경험한다. 항상 행복하지도, 항상 불행하지도 않은 것이 인생이다. 중요한 것은 오늘을 믿음 안에서 살아내는 것, 그것이야말로 가장 용감한 선택이다.

나는 그녀에게 이렇게 말했다.

"삶의 고비가 찾아올 때마다 언제든지 오렴. 세상에서 모든 걸 잃었다 해도, 주님 안에서 널 기다리는 집이 여기에 있단다."

그 순간, 내 마음에는 잔치의 기쁨이 흘렀다. 주님이 우리에게 약속하신 천국 잔치의 작은 모형이, 바로 이 소박한 식탁과 대화 속에 펼쳐지고 있었기 때문이다.

이 땅에서 천국 만들기

리처드 바크는 《갈매기의 꿈》에서 "지옥이란 사랑이 없는 곳"이라고 정의했다. 그렇다면 그 반대는 무엇일까? 사랑이 있는 곳, 바로 그곳에 하나님이 계시고, 그 자리가 곧 천국일 것이다. 빅토르 위고 역시 이렇게 말했다.

"To love another person is to see the face of God."
"누군가를 사랑한다는 것은 하나님의 얼굴을 보는 것과 같다."

내 마음을 붙드는 성경 구절도 있다.

스바냐 3장 17절: "너의 하나님 여호와가 너의 가운데에 계시니…."
마태복음 18장 20절: "두세 사람이 내 이름으로 모인 곳에는 나도 그들 중에 있느니라"

이 말씀들은 하나님이 멀리 계신 초월적인 존재가 아니라, 우리의 일상 속에, 관계 속에, 그리고 사랑 안에 살아 계시다는 사실을 새삼 일깨워 준다.

흔히 '예수 믿으면 천국 간다'는 말이 가볍게 반복되곤 한다. 그러나 천국은 단순한 보상이 아니다. '믿음'은 본질적으로 깊이 개인적이고 내밀한 것이며, 누구의 믿음이 옳다 그르다 단정할 수 없다. 다만 그 사람이 살아가는 태도와 삶의 열매 속에서 그 믿음의 진실함이 드러

날 뿐이다. 누군가를 사랑하고, 그 사랑 안에서 하나님을 드러내는 이라면, 그의 마음속에 이미 하나님 나라가 임해 있는 것이 아닐까.

반대로, 저 하늘의 천국만 바라보면서 이 땅에서는 사랑과 정의 없이 살아간다면, 그가 말하는 천국은 실상 존재하지 않는 것이나 다름없다.

나는 개인적으로 '할렐루야 아줌마, 아저씨'라 불리는 사람들을 늘 경계해 왔다. 큰 소리로 기도하고, 매주 예배에 빠지지 않는다 해도, 남의 신앙을 쉽게 정죄하고 판단하는 모습 속에 진정한 믿음은 보이지 않는다. 자신의 허물은 돌아보지 못한 채, 남의 믿음을 재단하려 드는 태도야말로 믿음을 가장 크게 훼손하는 행위다.

나는 수많은 그리스도인들과 목회자들을 보아왔다. 그러나 안타깝게도 이 땅에서 하나님 나라를 이루는 데 실패하는 모습도 적지 않게 목격했다. 선한 목회자를 괴롭히는 교인들, 반대로 성도를 위협하고 억누르는 목회자들…. 이 모든 모습은 하나님 나라의 길과는 멀리 떨어져 있다.

그러므로 우리는 늘 깨어 있어야 한다. 무엇이 진정 천국을 향한 길인지, 어떻게 살아야 그 문 안으로 들어갈 수 있는지 분별할 줄 알아야 한다.

천국은 저 먼 미래에만 있는 약속이 아니다. 사랑과 정의, 섬김과 용서로 이 땅에서 천국을 이루어가는 삶, 바로 그것이 하늘나라로 들어가는 참된 여정일 것이다.

하나님이 당신에게 무관심하다고?

수영장에서 낮은 물가를 뒤뚱뒤뚱 걸어 다니는 아기들을 보면, 절로 미소가 번진다. 작은 발걸음이 얼마나 귀여운지, 그 모습만으로도 마음이 환해진다. 아기의 부모들은 혹시라도 넘어질까, 한순간도 눈을 떼지 못한 채 뒤를 졸졸 따라다닌다. 아기들 중에는 조심성 없이 이리저리 달아나는 아이들도 있다. 그러면 부모는 가슴을 쓸어안으며 소리치고, 황급히 달려가 위험에서 아이를 건져낸다.

나는 이런 장면을 볼 때마다 인간과 하나님과의 관계가 떠오른다. 믿음이 아직 어린 자들, 혹은 오랜 세월을 믿어도 여전히 성숙하지 못한 자들에게 하나님은 쉼 없이 다가오신다. 때로는 해답을 주시고, 때로는 경고하시며, 한시도 눈을 떼지 않고 지켜보신다. 반면 믿음의 어른이 된 이들에게는 그리 자주 직접 말씀하지 않으신다. 이미 스스로 걸어갈 준비가 되었음을 인정하시기 때문이다.

마치 이렇게 들려오는 하나님의 음성이 마음속에 새겨진다.

"얘야, 오늘도 술을 너무 많이 마셨구나. 쯧쯧….”

"얘야, 몸 생각해야지. 돈벌이에 네 몸을 그렇게 혹사하지 말거라.”

"얘야, 남 뒷담화 이제 그만하렴. 그게 네 문제다. 언제쯤 철이 들까?”

"얘야, 입만 열면 거짓말이구나. 말씀대로 살기 위해 더 애써보거라.”

"얘야, 네게 있는 것, 가난한 이들과 나누어 쓰거라. 어차피 다 쓰지도 못하고 떠나게 되지 않겠느냐."

성경은 말한다. "여호와께서 너를 눈동자같이 지키시리라." (신명기 3장 10절 참고)

하나님은 언제나 우리를 지켜보고 계신다. 우리가 원하는 즉각적인 응답이 없다고 불평하지 말아야 한다. 때로는 그것이 하나님께서 우리가 스스로 감당할 수 있다고 인정해 주시는 표시이기 때문이다.

그러니 신앙의 오랜 이들이여, 자꾸 하나님께 아이처럼 떼를 쓰며 조르지 말자. 하나님은 아직 믿음의 첫걸음을 내딛는 자녀들을 돌보시느라 바쁘시다. 우리의 몫은 더 성숙한 믿음으로 이 땅에서 주어진 길을 묵묵히 걸으며, 어린 신앙의 형제자매들을 도와 함께 주님의 나라를 세워가는 것이다.

네가 믿는 하나님 나도

믿음이란 무엇일까?

눈에 보이지 않는 하나님과 예수님을 성경 말씀에 근거해 믿는다는 것은 기적에 가까운 일이다. 그래서 기독교를 전혀 접해보지 않은 사람들이 냉정하게 기독교를 인정하지 않을 때, 나는 놀라지 않는다. 다만 안타까울 뿐이다. 성경을 조금만 읽어도 그 말씀 속에서 진리의 빛을 발견할 수 있는데, 그것을 활자에 불과한 것으로 치부해 버리면 공허한 소리로 들릴 수밖에 없기 때문이다.

내가 결혼했을 때, 시댁 식구 중 남편을 제외한 누구도 하나님을 믿지 않았다. 시어머니는 내가 첫아이를 낳고 난 뒤 장독대 위에 정수를 떠놓고 신령님께 빌려 하셨다. 다행히 나를 아끼던 시누이가 그 모습을 보고 말했다.

"엄마, 올케는 예수 믿는 사람이야. 그런 거 하지 마. 언니가 싫어할 거야."

그 말에 시어머니는 그만두셨다. 시댁은 제사와 미신을 섬기는 집안이었지만, 결혼 1년 만에 뜻밖의 사정으로 시부모님과 시누이까지 함께 살게 되었다. 다행히 직장 생활을 하고 있던 나는 남편과 힘을 합쳐 대가족의 살림을 꾸려나갔다.

남편은 유학 시절 훌륭한 장로님의 전도로 이미 믿음을 갖고 있었다. 그래서 우리는 늘 아이들과 함께 주일예배에 참석했다. 그러던 어느 주일 아침, 시어머니께서 옷을 갈아입으시더니 내게 말씀하셨다.

"에미야, 나도 교회 가고 싶다. 네가 믿는 그 하나님 좀 만나고 싶구나."

그날 이후 시어머니가 교회에 나오셨고, 차츰 시아버님과 시누이, 시동생까지 모두 하나님을 믿게 되었다.

전도는 참으로 어렵다. 지금도 나는 한 사람을 위해 기도하고 있다. 아예 기독교를 모르던 이들이라면 오히려 더 쉽게 복음을 받아들이기도 한다. 하지만 교회를 다니다가 실망해 떠난 이들은 다시 돌아오기가 훨씬 어렵다. 그 책임은 교회와 성도들에게도 크다.

믿는다고 하면서 가까이 있는 사람을 섬기지 못하고 실망시킨 것,

제자답게 살지도 않으면서 남을 전도하려 한 것,

앞에서는 웃고 뒤에서는 흉보는 이중적인 모습들….

이 모든 것이 걸림돌이 되었기 때문이다.

나는 오늘 밤도 예수님의 가르침을 따라 내 욕심을 내려놓고, 이웃을 내 몸같이 사랑하며 살기를 기도하며 자리에 든다.

나의 시작은 언제부터였을까?

성경 잠언에서 깨닫는 나의 존재

요즘 나는 성경의 잠언서를 열독하고 있다. 어떤 구절은 바로 이해되지 않아 고개를 갸우뚱하게 만들기도 하지만, 대부분은 쉽게 마음에 와닿는다. 잠언서가 전하는 절제와 사랑, 삶의 도리와 교훈, 용서와 화해, 그리고 무엇보다 삶의 지혜는 어느 한 구절도 버릴 것이 없다. 만약 사람마다 이 가르침을 실천한다면, 세상은 범죄 없는 낙원이 될지도 모른다.

어제는 8장 22~26절을 읽다가 다시 처음으로 돌아가 글자를 곱씹어 보았다. 이번에는 글자 하나하나가 내 마음을 강하게 붙잡았다.

"여호와께서 그 조화의 시작 곧 태초에 일하시기 전에 나를 가지셨으며, 만세전부터, 상고부터, 땅이 생기기 전부터 내가 세움을 입었나니… 하나님이 아직 땅도, 들도 세상 진토의 근원도 짓지 아니하셨을 때에라."

예전에도 수없이 읽었던 구절인데, 왜 이번처럼 마음 깊이 다가왔을까?

살면서 나는 참 힘든 시간들을 겪었다. 어느 날, 엄마에게 이렇게 울며 말한 적이 있다.

"엄마, 나 살기 너무 힘들어요. 왜 나는 태어났을까요?"

그때 나는 이미 오십을 넘겼고, 엄마는 팔십을 훨씬 넘기신 상태였다. 지금 생각하면, 엄마의 마음은 얼마나 놀라고 안타까웠을까. 아마 속으로 이렇게 생각하셨을 것이다.

"그래서 지금 어쩌라고…."

그때의 나는 엄마에게 큰 불효를 저질렀음을 이제야 깨닫는다.

그런데 잠언 8장의 말씀을 통해, 나는 깨달았다. 나의 태어남은 하나님께서 이미 정해놓으신 일이라는 사실을. 태초 이전부터 나를 가지셨다니, 이 얼마나 놀라운 계획인가! 하나님께 선택받은 존재라니, 내 삶은 그 자체로 귀하다. 그런데도 나는 때때로 슬퍼하고, 삐치고, 불평하며 살아왔으니 하나님께 참 죄송하다. 천국에 가면 반드시 용서를 빌어야겠다고 다짐한다.

또한 32~35절에서는 이렇게 말씀하신다.

"아들들아 이제 내게 들으라. 내 도를 지키는 자가 복이 있느니라 훈계를 들어서 지혜를 얻고 그것을 버리지 말라 누구든지 내게 들으며 내 문 곁에서 기다리며 문설주 옆에서 기다리는 자는 복이 있나니 대저 나를 얻는 자는 생명을 얻고 여호와께 은총을 얻을 것임이니라."

우주가 137억 년의 시간을 품고 있다 하니, 나는 그 전부터 예정된 사람이었다는 사실이 새삼 놀랍다. 와, 와, 와! 절로 탄성이 나온다.

이보다 더 좋을 수는 없다

그저 감사하고 행복한 하루였다. 아이들도 오늘 밤은 피곤에 지쳐 단잠에 들겠지. 얘들아, 잘 자고 내일 교회에서 또 보자.

뽑기에 당첨된 하연이는 선물은 싫다며, 자기가 갖고 싶은 걸 달라고 떼를 쓰며 울었다. 아직 어린 것을 참작해 이번만은 봐주었지만, 다음에는 절대 안 된다.

두 자매 사이에 자리다툼도 있었다. 원래 언니 자리가 비어 있던 동안 동생이 차지해 버린 것이다. 내가 따져 물어도 동생은 태연하다. 하는 수 없이 언니를 달래며 "오늘은 네가 양보해 줄 수 있겠니?"라고 말했는데, 잠시 후 언니는 옆으로 고개를 떨구며 슬픈 표정을 지었다. 하이고야, 이게 무슨 금자리라고….

동생이 먼저 뽑기에 당첨되었는데, 언니를 바라보며 "언니, 언니가 당첨되면 저거 가져" 하고 옆의 예쁜 선물을 가리키는 모습이 참 야무졌다.

의젓한 정우는 "저는 선물 하나 양보할래요"라며 이름조차 쓰지 않았다. 기특하기 그지없다.

당첨되지 못한 여덟 명은 가위바위보를 해서 작은 자동차를 하나씩 가져갔다. 비록 작은 장난감이었지만 고급 브랜드 제품이라 색감과 모양이 화려했다.

아이들을 데리러 온 부모님들께 "아이고, 제가 좀 더 부자였다면 아이들 모두에게 좋은 장난감을 나눠주었을 텐데 아쉽습니다"라고 하니, 모두 "아니에요, 훌륭하세요. 고맙습니다"라며 응원해 주고 가셨다.
매직맨은 아이들과 함께 뛰놀며 열정적으로 공연을 펼쳐주었다. 얼마나 고마운지 모른다.

마지막으로 아이들에게 "내년에 또 올래?"라고 물었더니, 내 귀청이 떨어져 나갈 정도로 "네에에에에!"라는 함성이 터졌다. 나이가 많아 더는 참여할 수 없는 아이 중에는 "그럼 제가 내년에 봉사자로 오면 안 돼요?"라고 묻는 아이도 있었다. 아이들 나이를 더 높이는 건 아닌 것 같고, 참 기특한 생각이었다.

성경 퀴즈에 도전한 지우는 '하나만 맞히고 싶다'고 했지만, 무려 세 문제나 맞혀서 내가 크게 칭찬해 주었다. 성경 이야기를 처음 접했으니 더 감동이 컸다. "지우야, 친구들 많은 교회 나오면 어떨까?" 히히, 내 작은 바람이다.
아이들과 몇 시간을 함께 보내고 나니, 유치원 선생님들의 고단함을 조금은 알 것 같았다.

음식 시간에는 별별 주문이 다 나왔다. "피자 끝이 딱딱하니까 물렁한 걸로 주세요." / "아니요, 전 물렁한 건 싫고 딱딱한 게 좋아요." / "파인애플은 빼주세요." / "아니요, 파인애플을 더 주세요." / "오렌지도 까주세요." 참 다양한 입맛들이다.

커다란 도화지에 매직맨에게 줄 사인을 받게 했는데, 매직맨이 무척 고마워하며 가져갔다.

부모님들께 꼭 당부드리고 싶은 게 있다. 아이들이 'Thank you'라는 말을 생활 속에서 자연스럽게 하도록 지도해 주셨으면 한다. 선물을 받거나, 자신을 즐겁게 해주는 사람에게 고마움을 표현하는 습관은 어릴 때부터 길러져야 한다.

이리저리 다니며 힘든 일을 도와주신 하숙샘께도 깊은 감사를 드린다. 내일부터 반찬 하나 더 추가다!

성경 퀴즈 시간에는 거의 모든 아이들이 열심히 공부해 온 덕분에 내 마음이 뿌듯했다.

하나님의 계획이었다고?

교회 가려고 길을 나섰다.

몇 블록 운전을 하고 가다가 자동차 안에 시계를 보니 '헉~', 한 시간이나 빨리 나왔다. 아뿔싸, 집에서 시계를 잘못 보고 나온 것이다.

그렇다고 다시 집으로 돌아가려니 그렇고 해서 계속 전진했다. 시간이 널널하니 평소처럼 느리게 가는 차를 추월할 이유도 없어서 천천히 자동차를 몰고 갔다. 교회 도착하니 예배 시간 1시간 15분 전이다. 자동차 안에서 가만히 앉아있다가 딸내미한테 전화했다.

"Hi, Mommy" 딸아이의 명랑한 목소리다.

"응, 잘 있지?" 사실 어제도 통화했는데 하루 동안 무슨 일이 있을까마는 할 말이 없어서 이렇게만 말했다.

"엄마, 지금 교회 가는 시간이야?"

"나 지금 교회 파킹장이야. 시간을 잘못 보고 너무 일찍 와서 시간 죽이고 있는 중이다."

딸아이는 잠시 말을 멈추더니 "하하하, 엄마 교회 일찍 온 것은 하나님의 계획일 거야. 엄마가 기도 열심히 안 하니까 교회 일찍 와서 기도하라고 말야. 하하하. (That is God's plan. God is telling you to repent because you are not praying hard enough.)" 딸아이는 이왕 일찍 온 김에 수영장에서 할마시들 속여먹는 그런 죄까지 다 회개하라고 조언한다.

이렇게 딸아이는 언제나 나를 옹호하지 않고 꾸짖는다. 애고, 내 편은 없구먼.

전화를 끊고 가만히 생각해 보니 그럴듯하다. 사실 교회 올 때 Freeway를 달리면서 왜 시계를 잘못 보고 이렇게 일찍 가야 할까? 잠시 생각에 잠기기도 했었는데 딸아이 말처럼 하나님께서 "얘야, 우리들의 시간에 우연은 없단다"라고 말씀하시는 듯하다. 기도 더 많이 하고 이웃 더 사랑하며 예수님의 말씀 더 붙잡고 살라는 메시지로 받아들이며 하루를 마감한다.

자연과 예술

같이 먹고 삽시다

"다 털렸어요…."

저녁 무렵 마당을 둘러보던 하숙샘이 현관문을 열고 힘없이 들어오며 한숨과 함께 토해냈다.

"하이고나, 그렇게 열심히 나무를 정리했는데 걔들 잘 가져가게 만든 꼴이 됐네요."

사연은 이러하다. 우리 집에는 무화과나무가 여러 그루 있는데 올해 키가 큰 무화과나무에 열매가 제법 많이 달렸다. 그런데 이 나무에 드리운 그늘 때문에 열매가 잘 익지 않아서 하숙샘이 잔가지를 다 자르고 열매에 햇볕이 잘 닿도록 정성스레 정리를 했었다. 이 무화과나무가 서 있는 자리는 상당히 깊어서 둑가에서만 작업을 할 수 있는데 그날 하숙샘은 거의 반나절 힘겹게 일을 했었다.

오늘이나 내일 따려고 했던 이 무화과를 깡그리 너구리에게 도난당했으니. 하숙샘은 기가 막혀서 그냥 허탈한 웃음만 내뱉는다. 나도 허허허 웃을 수밖에 별도리가 없다. 지난주에 다른 무화과나무에서 먼저 익은 것을 따 먹지 않았더라면 일 년 내내 물 주고 관리했던 것이 얼마나 억울했을까.

이런 일은 과일나무나 채소를 기르는 집에서는 흔히 있는 일이다.

내일 따야지 했다가 너구리 가족들에게 몽땅 다 털리는 얘기는 여기 저기서 자주 듣는다. 하기야 동물들도 이때 맛있는 과일 맛 좀 봐야 하지 않겠나. 함께 나눠 먹자고 하는데 어쩌겠나. 그나저나 배도 지금 한창 잘 익어가고 있는데 이곳도 위태위태하다. 어느 해는 밤에 가족을 다 데리고 와서 배도 절반 이상 다 가지고 갔으니까. 얘들이 머리가 있는 동물이다. 흠~

사슴이 집어삼킨 꽃봉오리들

아이고! 이런, 이런, 이런!!!

아침에 일어나 매일 하는 일과로 정원을 한 바퀴 돌아보는데 장미 앞에 내 발걸음이 멈춰 섰다. 발걸음만 멈춘 게 아니고 숨까지 멈출 것 같다. 어제까지만 해도 곧 터질 듯하던 커다란 꽃봉오리들이 모두 다 잘려 나갔다!

이 장미꽃뿐만 아니고 정원에 있는 장미꽃들 모두가 수난을 당했고 그 외에도 꽃이 막 피기 시작한 여러 종류의 꽃들이 목이 잘려 나갔다. 분명 사슴들 짓이다. 사슴이 먹은 것은 또 있다. 낮은 곳에 있는 사과나무 잎들까지 간밤에 포식하고 돌아간 것이 틀림없다. 눈물이 날 지경이다. 장미는 지금부터 피어나서 여름까지 우리 정원의 여왕 자리를 차지할 꽃들 아닌가!

올해 이른 봄에도 한 차례 사슴이 정원에 난입해 튤립을 댕강댕강 잘라 먹기는 했지만 그렇게 많이 도난당하지는 않았다. 그 이후로 사슴 그림자도 보이지 않아서 이제는 사슴이 다른 동네로 갔나 보다 하고 대문 닫는 것을 소홀히 했던 것이 이렇게 큰 낭패를 볼 줄이야. 봄부터 전지는 물론 물 주고 거름 주고 이것들 자라나는 것 보는 재미로 살았는데 한숨만 나온다. 다시 대문 철저히 닫고 놈들이 다시 안 들어오기만 바랄 뿐이다. 이 광경을 본 하숙샘은 내게 말했다.

"사슴이 좋아하는 다른 음식은 뭐가 있을까요? 그것을 문 앞에 갖다 놓으면 들어오지 않을 텐데요."

"얘들이 좋아하는 음식이 바로 오늘 먹은 이것들이에요!"

그러고 나서 궁금증이 발동하여 인터넷을 검색해 보았다. 사슴이 좋아하는 식물들이 여러 가지네.

상추, 시금치, 콩, 완두콩, 잎이 넓은 잎과 꽃이 있는 식물들을 주로 좋아한단다. 특히 튤립과 장미는 그들에게 달콤한 향기 좋은 사탕이란다! 우리 집 정원이 사슴들에겐 사탕밭이라니! 사슴이 다녀간 뒤에는 거의 아무것도 남지 않을 수 있으며 농작물이 완전히 사라질 수 있고 나온다. 헐, 헐, 헐!

창밖 풍경

어제와 오늘 날씨가 좋지 않아 바깥에 나가지 않고 실내에서 창밖을 바라보며 시간을 보냈다. 같은 모습의 꽃들이지만 매일 새롭게 보이는 신기함이 그 속에 있다. 봄에 일찍 꽃을 피운 목련 나무에는 아직 떠나기가 아쉬운지, 하직 인사를 못한 꽃 한 송이가 여전히 달려 있다. 그 아래로는 납작한 피튜니아, 임파티엔스, 며칠 전 수영장 할매들이 가져온 거베라 데이지, 잉글리시 데이지, 제라늄, 콜럼바인 앙꼴리, 그리고 넝쿨로 올라가는 하쿠 오칸 등 다양한 꽃들이 자리하고 있다. 이 꽃들 중에 일년생도 있고 다년생도 있는데, 나는 겨울을 대비해 주로 다년생으로 화단을 채우고 있다.

매 순간 공기가 바뀌고 햇살의 강도가 변하면서, 창문은 내가 다양한 생각과 행동을 할 수 있도록 도와준다. 가만히 의자에 앉아 창밖을 내다보며 잠시 상념에 잠기기도 한다. 매일 조금씩 머리를 쳐들고 자라는 해바라기, 봉숭아, 코스모스, 그리고 백일홍을 바라보며 마치 한국을 잠시 이곳에 옮겨 놓은 것 같은 착각에 빠지기도 한다.

곧 잠에 들겠지만, 이 밤에도 꽃과 채소들이 멈추지 않고 자라는 것에 고마운 마음이 든다. 이런저런 생각을 하며 창밖을 내다보며 오늘도 하루를 잘 살아야겠다는 다짐을 해본다.

지난주에 사다 놓은 식탁보와 플레이스매트를 재단해서 만들기로 했다. 6월 초에 한국에서 올 네 사람이 빅토리아를 여행하는 동안 우리 집에 머물 예정인데, 이왕이면 산뜻한 식탁보와 함께 색상을 맞춘 플레이스매트를 준비하면 한결 기분이 좋을 것 같았다. 저녁을 준비하면서 작업을 끝내느라 조금 분주했지만, 모두 만들고 다림질까지 마치고 나니 기분이 참 좋다. 내일도 창밖의 풍경을 보며 성실하게 하루를 살아야겠다. 감사한 마음으로 잠자리에 든다.

서정적인 하루

마당에서 훨훨 날아다니는 새들을 바라보면서 자유라는 단어가 훌쩍 떠올랐다. 사고 이후 다쳐서 꼼짝 못 할 때 창밖을 내다보면서 나는 얼마나 저 새들을 부러워했는가. 사고 전의 내 모습과 지금은 판이해졌지만 그래도 이만한 것만으로도 감사하다. 한국에 계신 박양근 교수가 문학회로 보내온 책 두 권을 펼쳐 보았다. 우선 《미국 명수필 컬렉션》부터 읽기 시작했다. 내가 아는 작가들도 있지만 생소한 작가들도 있다. 책을 통해 이들의 삶을 들여다보면서 어려운 환경과 신체 조건 가운데서도 굳건히 자기 길을 걸어간 이들의 삶에 박수와 경의를 표하지 않을 수 없다. 소개된 작품 중 몇 개를 골라 작가를 소개한다.

앤 모로우 린드버그(Anne Morrow Lindbergh, 1906~2001)는 "무슨 일이 있어도 쓴다. 쓴다는 것은 생활보다 중요하다"라고 말할 만큼 치열한 작가 의식을 지녔다. 첫아들이 유괴 살해당한 고통을 잊기 위해 은둔 생활을 하면서 바닷가에서 조개를 주우면서 얻은 명상을 적은 대표 수필집 《몇 개의 조개》가 있다.

랜돌프 버언(Randolph Bourne, 1886~1918)은 출생 당시 의사가 수술 기구를 잘못 사용한 결과 얼굴은 일그러지고, 탯줄에 감긴 귀는 영구적인 기형이 된다. 거기에 더해 4세에 척추 결핵에 걸려 곱사

등이가 된 지체 장애자였다. 하지만 뛰어난 두뇌와 음악적 재능을 지닌 그는 자력으로 컬럼비아대학에서 철학과 교육학을 전공했다. 4년이라는 짧은 기간 동안 《청춘과 생활》을 위시한 3권의 수필집과 〈가슴을 지난 사람들〉, 〈전쟁과 지성인〉 등 100여 편의 수필을 각종 신문과 잡지에 연이어 발표하였다.

박양근 교수는 그의 작품 〈지체 장애자〉의 전문을 번역해서 소개했는데 이 글은 1911년 'The Atlantic Monthly'에 익명으로 발표되었다. 또한 소설과 같은 임종을 맞이했는데 3일 동안 산소호흡기에 의존하던 그는 술과 우유 그리고 계란으로 만드는 에그녹을 청했고 먹지 못한 채 그 노란빛에 감탄하며 마지막 숨을 거두었다. 그의 나이 32세였다.

새뮤얼 랭혼 클레먼스(Samuel Langhorne Clemens, 1835~1910)는 마크 트웨인(Mark Twain)이라는 필명으로 더욱 유명한 미국의 소설가이다. 민중의 예술가로 불리기도 하는 그는 12세에 학업을 중단하고 수습 인쇄공, 수습기자, 광부 등 밑바닥 생활을 거치며 어려움을 헤쳐 나갔다. 그의 주요 작품으로는 미시시피강 유역을 배경으로 개구쟁이 소년인 톰 소여와 허클베리 핀의 모험을 그린 동화 《톰 소여의 모험》이 있다.

음악을 들으면서 책을 읽고 창문으로 보이는, 나무에 아직 매달려 있는 나뭇잎과 새들의 춤사위에 심취하며 보낸 아름다운 하루에 감사한다.

정원에서의 마주 이야기

이야기 1

해가 저물면 정원으로 나가 꽃들과 마주하고 이야기를 나눈다. 우리 정원에는 내가 심지도 않은 꽃들이 매년 올라온다. 바람에 날려온 씨앗들과 새들이 남긴 똥 속에 묻힌 씨앗들이 발아한 것이다. 연약한 꽃들은 보호받고 싶어 하고, 작은 꽃들은 귀여움을 독차지하며, 튼튼하고 화려한 꽃들은 그 자태를 한껏 자랑하듯 정원을 독차지한다. 어느 것도 소중하지 않은 것이 없다.

나의 정원에서
바람이 산들산들 불어오고
꽃들은 보석처럼 빛난다.

저마다의 아름다운 색상들
잘나도 잘난 채 않고
고와도 뽐내지 않는다.

인간들이 배워야 할 일이다.

이야기 2

얼마 전 어둑한 시간에 하숙샘이 걱정스러운 얼굴로 집 안으로 들어오며 말했다.

"무궁화나무가 없어졌어요. 봄에 풀 뽑으러 온 청년이 잘못 뽑아버렸는지도 모르겠어요."

"하하하, 선생님, 어떻게 풀과 나무를 구별하지 못하겠어요? 그때 제가 곁에서 일일이 풀만 뽑으라고 알려주었는데요."

"그럼 어떻게 됐을까요? 그 귀한 무궁화나무가…."

선생님은 안타까운 표정을 지었다.

"제가 나가 볼게요. 분명 있을 거예요."

날이 조금 어둑했지만, 사물을 분별할 수는 있었다. 정원 옆으로 가서 무궁화나무가 있을 만한 곳을 자세히 살펴보니, 무궁화나무는 여전히 다소곳하게 제 자리를 지키고 서 있었다.

"선생님, 저기 있네요! 무궁화나무요! 제가 있다고 했죠?"

이렇게 된 이유는, 우리가 무궁화나무를 심은 지 2년이 되었는데, 그 주위의 꽃들이 너무 무성하게 자라서 잘 보이지 않았던 것이다. 사실, 나무는 꽃들에 비해 빨리 자라지 않는다.

무궁화

나에게 우리나라는 어디일까? 누가 이렇게 물어본다면 답하기 참으로 곤란하다. 당연히 내가 살고 있는 캐나다가 우리나라라고 말해야겠지만, 나는 47년 전에 떠나온 대한민국을 여전히 내 나라, 혹은 우리나라라고 생각하며 살고 있다.

그저께 수영장 칠판에 나온 맞히기 문제에서 등장한 단어는 'hibiscus'였다. 무궁화다. 내가 막 물속으로 발을 들여놓으려 할 때, 답을 미리 알고 있던 옛날에 선생님이었던 브랜다가 내게 첫 자가 H라고 말해주었다. 내가 "그래?" 하며 뒤섞인 여덟 글자를 이리저리 굴려보다가,

"혹시 히비스커스?"

"맞어. 맞혔어. 굿, 굿. 너는 항상 잘 맞혀."

라며 엄지손가락을 올려주었다.

"아, 그게 아니라 히비스커스는 한국말로 무궁화인데, 무궁화가 우리나라 꽃이거든. 내 나라 꽃을 영어로 모르면 좀 부끄럽잖아? 하와이에도 무궁화가 많은데, 우리나라 무궁화는 하와이무궁화보다 크기가 조금 작지, 헤헤헤."

우리 집 마당에도 무궁화나무가 한 그루 있다. 꽃 색깔은 흰색이다.

낮에 햇볕이 있을 때 밝게 피어나고, 저녁에는 오므라든다. 한 달 전쯤부터 피기 시작한 이 무궁화를 바라보면서 나의 조국 대한민국을 생각하지 않을 수 없다. 흰 무궁화꽃을 검색해 보니, 흰 꽃잎에는 사포나린 성분이 들어 있는데, 한국 농촌진흥청에서는 흰 무궁화 꽃잎을 추출하여 골다공증 치료제로 사용하기 위한 실험 단계에 있다고 한다. 예쁘고 깨끗한 이 꽃이 약재료로도 사용된다고 하니 더욱 반갑다.

'동해물과 백두산이 마르고 닳도록~ 무궁화 삼천리 화려강산~'

이 밤에 홀로 애국자가 되어 애국가를 부르며 하루를 마감한다. 하루하루가 새롭고 경이로우며 찬란하다.

무질서 속의 한 가족

봄에 일찍 심은 감자를 캐냈다. 씨감자에서 제법 싹이 나서 그냥 흙 속에 묻어두었던 것들이다. 매일 물을 주고 좋은 흙으로 돌봐주었지만, 막상 캐고 보니 감자는 몇 알 되지 않았다. 한국에서는 농사를 지어볼 기회가 없었고, 이곳에서 조금씩 채소를 기르고 있다. 사실, 처음에는 감자를 심어 놓고 알이 아주 많이 달릴 줄 알았다. 몇 년 전에도 처음으로 감자를 심으려고 홈디포에서 아주 깊고 커다란 통을 여러 개 사다가 심었는데, 추수할 때 보니 뿌리에 달린 감자는 몇 알 되지 않아 실망했던 적이 있다. 올해도 감자 수확은 역시 미미했다.

집에서 물만 주고 기르다 보니 알이 작고 수확도 적다. 시중에 판매되는 큼직하고 반들반들한 야채들이 얼마나 많은 화학 비료를 사용해서 재배되는지 알 수 있다. 그러나 농부는 수익이 있어야 하고 소비자는 저렴한 가격으로 채소를 사야 하니, 화학 비료를 사용할 수밖에 없을 것이다.

나는 채소를 가능하면 유기농으로 사 먹는데, 가격이 만만찮다. 다행히 올해는 우리가 좋아하는 여름 채소를 많이 재배한 덕분에 밥상에 푸른 채소가 풍성하다. 지난번 빅토리아로 여행 왔던 분 중에 한국에서 농장 하는 분이 우리 밭을 둘러보더니 말했다.

"이 집 밭은 무질서 속에서 모든 것이 자라고 있네요."

모두 한바탕 웃었다. 이런 말을 듣는 것이 처음은 아니다. 몇 년 전에도 내 글을 매일 보던 자매가 우리 집에 놀러 와서는, 영상으로 본 우리 집 밭이 엄청 클 줄 알았는데 상상과 달라 실망했단다.

"아이고, 밭이 중구난방이네요. 하하하…."

원래 내가 젊었을 때 별명이 '중구난방'이었다. 그러니 밭도 주인마님을 닮아 그런가 보다. 사실 근대와 케일, 갓 등은 다 자란 후 꽃이 피고 씨를 맺으면 바람이 불 때 흩어져서 몇 달 있으면 여기저기서 자기들의 2세들이 나타난다. 그래도 이들을 뽑아 버리기가 아까워서 계속 물을 주고 기르다 보니, 갓도 여기저기서 자라고 케일은 온 마당 이곳저곳에서 자라고 있다.

가짜와 진짜

　최근에는 짧게 또는 조금 길게 텃밭에 나가 밭일을 하고 있다. 채소들을 정성스럽게 기르다 보면 참으로 기막힌 장면에 맞닥뜨리게 되는데, 바로 채소에 달라붙어 있는 잡풀들이다.
　예를 들어, 쑥갓밭에는 쑥갓과 거의 똑같이 생긴 잡풀이 섞여 있다. 쑥갓과 비슷한 가짜 쑥갓이 무리 속에서 번지고 있다. 나는 쉽게 구분할 수 있지만, 하숙샘은 일일이 "이게 풀이에요? 쑥갓이에요?"라고 묻는다. 부추밭에도 기생 잡풀이 있다. 이 잡풀은 부추와 거의 똑같이 생겨서, 뽑다 보면 부추 뿌리까지 딸려 올라오기도 한다. 이 잡풀은 잎을 보아서는 구분이 어렵지만, 밑부분이 약간 다리를 벌리고 있는 것은 잡초다. 이러한 기생 풀들은 여러 번 확인하고 뽑아야 할 정도로 비슷하다. 일주일이 지나면 또다시 어디선가 날아와 부추 곁에 조용히 자리 잡는다.
　디올 백 같은 것도 정품과 가품을 구별하려면 로고를 잘 살펴야 한다고 하는데, 채소의 정품과 가품에는 로고가 없으니, 눈으로 가짜를 뽑아내야 한다. 세상만사 좋은 사람 곁에 나쁜 사람들이 함께 살아가는 것처럼, 채소 속에 섞인 가짜는 농사짓는 사람이 뽑아내지만, 인간의 못된 것들은 누가 가려낼까?
　내일도 열심히 기생 풀들을 하나하나 뽑아내며 하루를 보낼 참이다.

스스로 내려놓기

낮에 잠시 화단과 채소밭에 나가 눈에 거슬리는 누런 잎들을 손질했다. 물론 이 일은 오래 하지 못한다. 허리가 아파서 아주 조금 하고는 곧바로 집 안으로 들어와야 한다. 모든 정원일을 하숙샘이 열심히 해주고 있어서 너무 감사하다.

저녁 무렵에 하숙샘이 꽃밭에 물을 주고 있는 동안 나는 꽃이 진 꽃대들을 가위로 잘라냈다. 이른 여름에 찾아와 그 화려한 자태를 뽐내던 야생 양귀비들이 다 쓰러져서 거무칙칙한 긴 대공만 하늘거린다. 이런 것들을 잘라내며 사람도 이와 같거니 하는 생각을 멈출 수 없다. 멀리 갈 것도 없이 내 지나온 젊음을 생각해 본다. 30, 40, 50, 60대까지 팔팔거리며 누구에게도 주눅 들지 않고 씩씩하게 걷던 내가 아닌가. 그러나 나는 이제 걸음걸이는 엉거주춤, 옷도 대충 입고 다닌다. 그러니 여자로서 매력이라는 것은 멀고도 먼 태평양 바다에 던져 버린 것이다. 조금 전 내가 거무칙칙한 죽은 양귀비꽃 대공을 잘라내 버리듯 그렇게 인생에서도 한때의 화사함은 스르르 지나가고 있다.

이틀 전에 글에서도 말했듯이 여성회 임원으로 12년간 몸담고 있었던 내가 최근에 새로 영입된 젊은 멤버들의 그룹 카톡을 들여다보면서 이런 생각을 했다. '아, 이제는 물러나야 할 시간이다.' 이뿐만 아니라 몇 달 전에는 고등학교 동창 그룹 카톡에서도 빠져나왔다. 그곳에서도 젊은 후배들의 대화에 공감할 수 없었기 때문이다. 이것은 너무나 자연스러운 현상이다. 나이 먹은 사람이 젊은 사람들 그룹에 끼어있으면 피차에 곤란하고 젊은이들은 노인을 상대하기 부담스러울 수 있다.

  노인들은 자식 집에 자주 가지 말고, 만나도 말수를 줄이며 자녀들의 이야기를 경청하고 고개를 끄덕여 주는 것이 좋다. 부모는 자녀들이 살아가는 모습을 조용히 뒤에서 지켜볼 뿐이다.

고사리! 고사리!

몇 년 만에 고사리를 따러 갔다. 그동안 몸을 마음대로 구부릴 수 없기에 다시 다치면 안 되기에 고사리를 따러 갈 엄두를 내지 못했는데, 큰마음 먹고 봄나들이 겸 호숫가로 나갔다. 평소 잘 아는 부부와 하숙샘, 이렇게 넷이 함께 갔다. 나는 숲 안으로 들어가지 않고 자동차 안에 있었다. 조용히 혼자 차 안에서 책을 읽고 기도하며 시간을 보냈다. 숲속에 들어간 사람들이 길을 잃지 않았나 걱정되어 차 밖으로 나와 서성거렸다. 숲속에서는 전화기가 안 터진다.

예전에는 나도 씩씩하게 숲속 깊이 들어가 고사리를 몇 보따리씩 따오곤 했는데, 이제는 그렇게 할 수 없어 약간 쓸쓸한 마음이 들었다. 그러던 중, 길을 건너 몇 발짝 걷기 시작했는데, 아주 낮은 자리에 고사리가 떼를 지어 와글와글 자라고 있지 않은가! 너무 반가워서 하나 둘씩 똑똑, 꺾기 시작했다. 길가라 위험하지 않고 내가 따기 좋은 위치에 통통하게 올라온 고사리들이 눈에 들어오는데 그냥 지나칠 수 없었다.

똑. 똑. 똑. 고사리를 꺾는 소리는 한국 여인들 마음을 사로잡는다. 매일 먹지도 않으면서 고사리 철만 되면 왜 이렇게 열광하는지 모르겠다. 비록 반쯤 찬 작은 보따리지만, 감사했다. 고사리를 포기하다가 다시 따게 되면서, '하나님께서 나를 불쌍히 여기셔서 이곳을 보게 해 주셨나 보다'라고 생각했다.

"애야, 숲에 못 가서 속상하지? 여기서 조금이라도 맛을 보렴."

하나님 음성이 들리는 듯해 웃음이 났다.

'맞아, 하나님은 항상 내 곁에 계시고 내 감정까지 헤아리시지.'

예전에는 고사리를 산더미처럼 꺾어 왔지만, 오늘은 적은 양에도 만족하고 감사했다. 기쁨은 많은 것에만 있는 게 아니다. 적은 것도 풍성하게 생각하면 늘 행복하다.

시든 꽃 속에서 찾은 지혜

요즘 낮에 잠시 마당에 나가 꽃밭과 채소밭을 돌보고 있다. 몸이 불편해서 일하는 시간은 매우 짧다. 봄에 가장 먼저 피어나 내 마음을 사로잡던 튤립들이 이제 시들고 있다. 나는 이 죽은 튤립 꽃대를 잘라내고, 마치 그것들이 없었던 것처럼 자리를 정리하고 있다. 이 과정에서 인생을 떠올리게 된다.

젊었을 때의 화려함은 온데간데없이 사라지고, 이제는 천천히 걷고 움직이는 것이 예전 같지 않다. 화단의 죽은 튤립 꽃대와 높이 달린 목련의 꽃잎을 모두 거두어 한곳에 모으니 화단이 훨씬 깨끗하고 보기 좋다. 인간도 나이가 들면 조용히 한 자리에서 앉아 젊은이들에게 잔소리하지 않고 조용히 지켜보며 칭찬해 주는 것이 바람직하지 않을까 생각한다.

급변하는 요즘 세상에서 나이 든 사람들이 젊은이들과 경쟁하기란 어렵다. 설령 경쟁에서 이길 수 있다고 해도, 노인의 얘기는 종종 잔소리로 들릴 수 있어서 나는 젊은이들에게 거의 말을 하지 않으려 한다. 자식에게도, 내가 몸담고 있는 단체에서도 마찬가지다.

꽃이 본분을 다하고 시들면 그 잔여물들이 구석에서 썩어 거름이 되듯, 노인도 뒷전에서 젊은이들에게 도움이 되는 일을 하며 살아야 한다는 생각을 하게 된다.

어우러져서 멋진 것

'Tiger Lilies(참나리)' 아래에 사인했다. 나는 그림을 그리는 동안 어디를 수정할지 계속 고민하며 이리저리 살핀다. 사인을 마치고 그림 속 백합들의 색깔을 들여다보니, 조금 시들어가는 것들은 뒤편으로 물러나 색이 화사하지 않다.

그런데 만약 시들어가는 꽃들 없이 화사한 꽃들만 있다면 어땠을까? 눈길은 끌겠지만, 깊은 맛은 없었을 것이다. 사람도 마찬가지다. 이 세상에 화려하게 살아가는 배우나 가수, 유명 운동선수들만 있다면, 그것이 무슨 의미가 있을까? 모두 예쁘고 잘나고 멋지고 능력 있지만, 그들만 있다면 세상은 단조로울 것이다.

그래서 이 세상에는 뒷배경이 되어줄 사람들이 많이 있는 것 같다. 이름 없이 힘없이 살아가는 소시민들이 있기에, 몇 안 되는 스타들이 빛을 발할 수 있는 것이다. 잘난 사람은 못난 사람들에게 고마워하고, 못난 사람도 기죽지 말고 잘 살아가는 세상, 다 함께 어우러져 멋진 세상을 만들어가는 것이다.

한 포기의 그림 속에서 진리를 깨닫게 된 하루에 감사드린다.

기우는 것이 더 아름답다

해바라기가 시들어간다. 일주일 전 식탁에 올려두었던 해바라기 다섯 송이는 이제 마르고 비틀어져 가고 있다. 마치 죽음을 앞둔 사람의 숨결처럼 하루가 다르게 변해가고 있다. 시들어 가는 해바라기의 누렇고 푸르뎅뎅한 색상은 내가 그림에서 가장 표현하고 싶은 색들이다. 완벽한 구도를 이루며 시들어가는 해바라기들은 나에게 완벽한 정물화의 소재가 되어준다. 한창 피어있는 해바라기의 모습도 아름답지만, 시드는 꽃들에서 오히려 클래식하고 로맨틱한 아름다움을 발견한다. 오늘 식탁 위의 해바라기는 은은한 기품을 지니고 있으며, 마치 세월을 견디어낸 노인의 마음을 옮겨 놓은 듯하다. 일본의 숲이 독특한 향을 풍기듯, 쓰러지는 해바라기는 새로운 생명의 밑거름이 된다.

나이를 먹으면서 사람도 머리를 숙이고 이해와 관용의 폭이 넓어진다. 이것이 진정한 인간의 아름다움 아닐까? 이제 나는 늙음에 감사한다. 이성이나 자녀에 대한 고민도, 무엇이든 잘하려고 애쓸 필요가 없다. 시들어가는 해바라기가 만들어내는 아름다움처럼, 내 삶의 마지막도 더 아름답길 바란다.

완벽한 것보다 기우는 것이 더 아름답다. 삶의 시련 속에서 나는 제목 없는 시를 쓰며 스스로를 위로했다.

호박잎 그리다
미소 지었고,

호박꽃 그리다
함박 웃었네.

석양 하늘 그리다
울먹였고,

여름밤 그리다
끝내 큰 울음 터뜨렸네.

미완성 그림과 기다림의 미학

위 사과 그림은 우리 집 사과를 수확한 후 그린 것인데 2020년 즉 4년 전에 그리던 것이다. 이것을 그 당시 전시회를 열면서 너무 바쁜 나머지 미완성으로 그냥 벽에 걸어두었다. 나는 이 미완성의 사과 그림을 매일 보면서 '저것 끝내야 하는데…' 하며 다짐만 했지, 이 미완성 그림은 한동안 벽에서 내려오지 못했다.

저녁에 할 일을 다 마치고 늦은 시간, 무슨 바람이 불었는지 이것을 벽에서 떼어내고 무작정 물감을 짜냈다. 처음에 그렸던 사과들은 너무 사실적이라 가까이 가려니 좀 힘들고 보기도 그랬는데 붓 가는 대로 그냥 놔두었더니 먼저 그림보다 한결 내 마음에 든다. 이렇듯 내가 그리는 그림 한 점도 때로는 완성하기까지 4년이나 걸리기도 한다. 물론 아직 완성은 아니지만 이번 여름까지 꼭 완성할 작정이다. 이처럼 모든 것이 때가 있고 기다림이 있다.

이렇게 그림 속에는 사연이 많다. 수년을 나와 함께하던 그림들이 한 점 두 점 팔려나갈 때는 고마움과 서운함이 늘 함께한다. 거기에는 그 그림과 나만 아는 시간과 애정이 묻어 있기 때문이다. 처음부터 내 마음에 들면서 시작되는 그림은 거의 없다. 엎치락뒤치락하면서 끝을 내는데 그래도 끝까지 내 마음에 흡족하지 않은 그림들도 나온다. 내가 만점을 안 주는 그림이라고 안 팔려나가는 법은 없었다.
　어떤 그림들은 마음에 안 들어 유산시키기 직전에 누군가가 "어머! 이거 너무 예쁘다!"라며 사가기도 했다. 이럴 때 나는 속으로 깜짝 놀라면서 '어머머, 자식 죽였으면 어쩔 뻔했어'라며 안도의 한숨을 쉰 적도 몇 번 있다.
　뭐니 뭐니 해도 나는 그림 그릴 때가 가장 행복하다. 저녁 설거지를 다 마치면 8시 혹은 9시가 되는데 이때 조용히 음악을 들으며 그림을 그리고 있으면 이 세상에 어느 누구도 부럽지 않다. 이렇게 그림을 그릴 수 있는 여건을 마련해 주신 하나님께 늘 감사드린다.

화가의 눈, 사업가의 눈, 과학자의 눈

제1막

오래전의 일이다. 아는 사람과 함께 길을 걷고 있었다. 멀리서 건물 하나가 보였고 주위에는 아름다운 나무와 꽃들이 피어 있었다. 그 순간, 한 폭의 그림을 상상하고 있는 내 마음은 어느새 캔버스를 꺼내고 붓을 들었다.

'바탕색을 조금 더 진하게 하고, 구름의 모양도 더 뚜렷하게 하고, 집 색깔을 조금 낡은 색으로 바꾸면 고색창연하겠다……'

내 마음은 하얀 캔버스 위를 붓으로 휘젓고 다니는데, 함께 걷던 사람이 큰 소리로 말했다.

"어머, 저 집은 샌드위치 가게로 딱이겠다!"

그 순간, 나는 머리를 한 대 맞은 듯한 충격을 받았다. 이 사람은 이미 그런 사업으로 돈을 많이 벌어 놓았고, 나는 거의 무일푼 가난한 화가에 불과했기 때문이다.

제2막

우리 집 2층에서 저녁노을을 내려다보며 한참을 서 있었다. 마지막으로 넘어가는 태양이 너무 아름다웠다.

"아, 저 아름다운 노을을 좀 봐!"

탄성이 흘러나왔다. 그러고는 곧장 그 노을빛 풍경을 놓치지 않으려 휴대전화기를 꺼내 사진을 여러 장 찍었다. 카메라뿐만 아니라 내 눈과 머리에도 그 아름다운 노을 색들을 그리고 또 그려 넣었다.

제3막

조금 후, 하숙 선생님이 다가오셨다.

"선생님, 저 노을 정말 예쁘지요?"

선생님은 그렇다고 하면서도 지구와 태양의 거리 등등을 설명하기 시작했다. 말이 나온 김에 내가 물었다.

"선생님, 지금 해가 넘어가고 있는데 태양이 지구를 돌고 있나요? 아침에 동쪽에서 해가 보이고 저녁에는 서쪽으로 지잖아요."

"아니, 아직 그것도 몰라요? 지구가 태양을 돌고 있지요. 에구구……."

"그런데 왜 아침에는 태양이 동쪽에서 뜨고 저녁에는 서쪽에서 보이나요?"

"그것은 지구가 자전하기 때문이지요. 중세 이전에는 엘리샤 씨처럼 태양이 지구를 돌고 있다고 생각했지요. 그때는 과학이 발달하지 않았거든요. 그런데 이런 건 자연과학 시간에 다 배웠을 텐데요. 아주 기본 상식인데요. 으흠."

당연히 배웠는데 다 까먹었다.

"아, 참, 그리고 달이 지구를 돌고 있는 것도 알고 있나요?"

"그, 그래요? 네, 지금 알았네요. 헤헤헤…."

화가는 그림의 소재만 보고 사업가는 돈이 되는 것만 보고 과학자는 늘 과학적 사실에 관심을 두고 있다.

해바라기, 그림과 생명의 연결고리

 창밖을 내다보니 작은 다람쥐가 해바라기 대공을 타고 올라가, 씨앗을 하나하나 까먹는 모습이 눈에 들어왔다. 이런 광경은 이제 거의 일상이 되었다. 매일같이 다람쥐와 새들이 마당으로 찾아와 흩어진 씨앗들을 주워 먹는 풍경은 나에게 작지만 깊은 기쁨을 선사한다. 해바라기는 참 다재다능한 식물이다. 꽃이 피어 있는 동안엔 그 자체로 눈부신 아름다움을 선물하고, 오늘처럼 내 그림의 소재가 되기도 하며, 작은 동물들에게 소중한 먹이를 제공하기도 한다. 자연 속에서 이 모든 생명을 연결해 주는 존재라니, 얼마나 신비롭고 감사한 일인가. 하나님께서 주신 작은 선물 속에 이렇게 많은 생명이 함께 숨 쉬고 있다는 사실이 마음을 따뜻하게 한다.
 어떤 날은 다람쥐들이 씨앗을 물고 재빠르게 뛰어다니는 모습이 귀엽고, 또 다른 날엔 새들이 조용히 내려와 평화롭게 씨앗을 쪼아먹는 모습을 바라보며 잠시 바쁜 시간을 잊는다. 마당의 작은 생태계가 자연스럽게 유지되는 모습 속에서, 나는 하나님께서 세상 모든 피조물에게 관심과 돌보심을 베푸신다는 것을 느낀다. 해바라기는 단순히 아름다움을 넘어, 생명을 이어주는 다리 역할을 하며, 우리의 마음도 풍요롭게 만들어 준다. 오늘도 나는 감사함 속에서 이 작은 기적을 바라본다.

세월의 색

우리 집에는 오래전, 앤티크 숍에서 사 온 주전자가 하나 있다. 어제 집 안 대청소 및 카펫 청소를 하면서 물건들을 정리하다가 이 주전자와 눈이 마주쳤다. 이 주전자가 언제 어디서 만들어졌는지는 알 수 없지만 오랜 세월의 이야기들이 묻어있다.

나는 2011년, 빅토리아 투데이 신문에 '세월의 색'이라는 제목의 수필을 발표한 적이 있다. 그 수필을 다시 꺼내 읽는 지금, 손에 쥐고 있는 이 오래된 주전자를 바라보며, 그때의 기억이 다시 떠오른다. 세월의 색이란 과연 어떤 빛깔일까?

그 이야기는 내가 미국에 살던 시절로 거슬러 올라간다. 어느 날 신문에서 'Art Painter 구함'이라는 광고를 우연히 보게 되었다. 호기심이 일었고, 곧바로 광고에 적힌 장소로 찾아갔다. 엘에이 다운타운 한복판, 고색창연한 건물들이 늘어선 단지 안에 있는 오래된 성당이었다. 그 건물을 개조해 오페라 하우스로 만들기 위해, 내부에 '앤티크 색'을 입히는 작업이 한창이었다.

그 공간에는 이미 여러 예술가들이 다녀간 흔적이 있었고, 나도 그들 중 하나로 붓을 들게 되었다. 높은 사다리를 타고 올라가, 물감과 물, 그리고 붓 한 자루로 먼지가 수북이 쌓인 건물 벽면에 '세월'을 칠하는 작업이었다.

한참 몰입하여 색을 만들어내며 칠하고 간 뒤, 일주일도 채 되지 않아 다시 연락이 왔다. 내가 가장 근사한 색을 만들어냈다고, 다시 와 달라는 요청이었다. 그 순간, 나는 '색을 만든다'는 것이 단순한 기술이 아님을 알았다. 그것은 은총처럼 하늘에서 내려오는 순간적인 감각이었다.

학교에서 배운 공식—노랑+파랑=초록—만으로는 결코 좋은 아티스트가 될 수 없다. 색은 머리로 만드는 것이 아니라, 가슴으로 느끼고 심장으로 섞어내는 것이다. 한창 몰입할 때면, 마치 붓이 살아 있는 듯 이리저리 뛰며 스스로 그림을 완성하곤 했다.

나는 문득, 인간의 삶도 색으로 비유해 보고 싶어졌다.

삼십 대는 세상의 무서움을 모른 채 펄펄 뛰는 원색(原色)의 시절이다. 자신감 넘치고, 기세가 등등하다.

사오십 대는 인생의 결실을 맛보며 풍요로움에 젖는 시간이다. 이 시절의 색은 밝고 오묘하며, 삶의 절정이 담긴 색이다.

그리고 노년에 접어들면, 친구들이 하나둘 떠나고 병원 문턱이 익숙해지며, 인생의 끝자락을 의식하게 된다. 이때 인간은 마치 푹 익은 벼처럼 모든 것을 이해하고 체념하게 되며, 그 색은 앤티크로 표현된다.

세월이 만들어낸 색은 단순한 퇴색이 아니라, 올바른 판단력, 넓은 이해심, 깊은 통찰력이 축적된 고도의 색이다.

인고의 세월을 견뎌낸 사람의 외모는 수수할지 모르지만, 그 내면은 수만 가지 색이 뒤섞인 먼지 같은 색, 골동품의 빛깔이다. 나는 그 빛을 '세월의 색'이라 부른다.

러시아 출신 화가 칸딘스키는 "색은 메아리처럼 울림이 있어서 영혼에 직접적인 영향을 준다"라고 했다.

그렇다면 내 영혼에 입혀지고 있는 '세월의 색'은 어떤 빛깔일까?

나는 이제 안다. 그것은 유행을 따르지 않는 색, 쉽게 흉내 낼 수 없는 색, 세월이 빚은 깊고 고귀한 색이다. 그 색은 오늘도 나를 감싸며, 조용히 말을 건다.

"당신은 이만큼 잘 살아왔다."

우리가 다 시인이 될 수 없는 이유

윌리엄 버틀러 예이츠(아일랜드의 시인이자 극작가)의 대표작 〈이니스프리의 호수 섬 호도(湖島)〉의 일부를 읊어본다. 한때는 이 시를 너무 좋아해서 운전하다가도 읊어보고 자기 전에도 작가의 마음이 되어 그 시골 섬 아스라한 풍경을 연상해 보기도 했었다. 이 시가 탄생된 연유는 최근에 선물로 받은 신간 《문학 속 두 이야기》(박양근 저) 속에서 알게 됐다. 예이츠는 평생에 사랑했던 여인 모드 곤을 처음 만날 때부터 그녀에게 즉시 매료되었다. 그녀는 키가 크고 아름다웠으며, 강렬한 개성과 카리스마를 지닌 여성이었다. 예이츠는 27세부터 51세가 될 때까지 그녀에게 청혼을 했지만 거절당했고 그 수모를 바탕으로 한 작품이 그의 대표작이기도 한 바로 아래 시 〈이니스프리의 호수 섬(The Lake Isle of Innisfree)〉이다.

나는 이제 일어나리라.
그리고 가리라 이니스프리로 가리라.
그곳에 작은 오두막집을 지으리라.
아홉 줄 콩밭을 가지리라, 그곳에서 꿀벌 집을 치고
벌이 웅웅대는 숲에서 혼자 살리라.

이니스프리(Innisfree)는 아일랜드 서부 슬라이고(Sligo)에 자리한, 자연이 빚어낸 조용하고 아름다운 작은 섬이다. 예이츠의 어린 시절은 이곳 슬라이고에서 흘러갔다. 호수와 산, 신화와 전설이 뒤섞인 그곳은 그의 상상력을 키우고 영혼을 적신 공간이었다. 그는 슬라이고를 "마음속의 고향"이라 불렀고, 이니스프리는 그의 꿈과 그리움이 깃든 이상향이 되었다.

가만히 생각해 본다. 시인이 된다는 건 현실 감각을 조금쯤 내려놓아야 하는 일인지도 모른다. 역시 시인은 타고나야 하는 것 아닐까? 나는 내 작은 텃밭에서 채소를 길러오고 있으며, 또한 닭도 키워보았다. 한때는 벌꿀을 모으겠다고 마음먹고 이리저리 알아보았다. 그런데 시작부터 난관이었다. 뉴질랜드에서 벌을 사들여야 한다는데, 그 비용이 만만치 않았다. 게다가 벌을 관리하는 일도 쉽지 않았다. 달콤한 꿀 몇 통 따겠다고 내 통장을 텅 비우는 꼴이 될 뻔했다.

그리고 예이츠가 꿈꿨던 오두막과 아홉 줄 콩밭. 그게 그렇게 쉬운 줄 아는가? 매일같이 물을 주고, 거름을 뿌리고, 벌레를 잡아내야 한다. 자연 속에서 산다는 건 고요한 명상이 아니라, 끊임없는 노동이다. 게다가 그 호수 안의 오두막에서 무엇을 먹고 살까? 물고기를 잡아 구워 먹고, 감자를 캐서 삶아 먹을까? 하하, 이렇게 쓰다 보니 시인에게 너무 미안해진다.

아마도 이러니 우리 같은 평범한 사람들은 시인이 될 수 없는 게 맞는지도 모른다. 우리는 현실의 무게 속에서 살아가야 하지만, 그래도 **때때로 예이츠처럼 마음속 어딘가에 작은 이니스프리를 품고 살아갈 수는 있지 않을까?**

터널 후에 만나는 햇살

가을의 끝자락에 서 있다. 마지막 남은 잎사귀와 떨어진 낙엽들을 바라보며, 인생의 순환과 시간의 흐름을 새삼 느낀다. 봄이 막 시작된 듯했는데, 여름은 순식간에 지나갔고, 이제 가을의 흔적만이 조용히 남아 있다. 무화과나무에 남은 한 장의 잎과 노란 자두나무 아래 흩어진 낙엽들은, 각자의 역할을 다한 후 떠나는 자연의 순리를 보여준다. 우리에게도 삶 속에서 충실함과 마무리, 그리고 내려놓음의 의미를 상기시킨다.

하나 남은 잎을 바라보면, 마음 한편이 불안하고 애틋해진다. 오 헨리의 단편 소설 〈마지막 잎새〉는 뉴욕의 가난한 예술가 공동체를 배경으로 한다. 심각한 병에 걸린 한 여성 화가는 마지막 잎새가 떨어지면 자신의 생도 끝날 것이라는 생각에 사로잡힌다. 그러나 한 이웃 화가는 그녀에게 희망을 주기 위해 벽에 잎새를 그려 넣는다. 그 헌신과 희생은, 삶의 희망과 사랑이 얼마나 큰 힘이 되는지를 보여준다.

가을의 잎사귀처럼, 삶에서도 때로는 마지막 남은 희망이 우리의 마음을 붙든다. 힘든 순간에도 그 잎새를 놓지 않고, 기도하며, 믿음을 품고 살아가기를 바란다. 나 역시 오랜 세월 동안 마음속 '마지막 잎'을 놓지 않으려 애써왔다. 깊고 어두운 터널을 지나면, 반드시 다시 밝은 햇살이 우리를 비출 것이다.

  가을은 또한 성찰과 감사의 계절이기도 하다. 떨어진 잎들을 밟으며 나는 지난 시간과 지나간 계절들을 돌아보고, 작은 것에도 감사를 느낀다. 자연이 보여주는 순환 속에서 우리는 삶의 덧없음과 동시에 아름다움을 깨닫는다. 이 계절의 고요 속에서, 나는 오늘도 내 마음속 잎새 하나를 소중히 지켜보며, 내일의 햇살을 기다린다.

엘리샤라고
불러줘

그냥 엘리샤라고 불러줘

한국에서 아이스하키팀 11명이 빅토리아로 전지훈련을 오는데 우리 집에 2주간 머물 예정이다. 처음 만난 사이여서 어색할 수도 있지만, 첫날부터 아이들에게 나를 존칭 없이 그냥 '엘리샤'라고 불러 달라고 했다. 둘째 날에도 내 이름을 알려주면서, "나는 엘리샤니까 언제나 이름을 불러줘"라고 했더니 아이들이 의아한 표정으로 나를 쳐다봤다. 정말 그래도 괜찮냐는 눈치였다.

"여기서는 꼭 이름을 불러야 내가 좋단다"라고 했더니, 아이들이 처음엔 모두 무심코 '할…' 하다가 곧바로 '엘리샤'라며 친근하게 다가오기 시작했다.

아이들과 대화하다 보면 웃음이 끊이질 않는다. 어제는 한 녀석이 나를 보고, "어머나, 엘리샤, 안경 끼시니까 더 예쁘세요!"라고 해서 깔깔 웃었더니 옆에 있던 다른 아이가, "아니야, 엘리샤는 원래부터 예쁘셨어!"라며 한술 더 떴다. 나는 허허 웃으며 "그래? 진짜 예쁜 모습 한번 보여줄까?" 하고 냉장고에 붙여둔 40대 초반 미니스커트 차림의 내 사진을 보여줬다. 그랬더니 아이들이, "와! 우영우 같다! 거꾸로 해도 우영우, 앞으로 해도 우영우! 어쩐지 어디서 본 듯한 모습이었어. 근데 엘리샤 씨, 우영우 알아요?"라고 묻는다. 내가 안다고 하니, 아이들이 요즘 우영우가 인기라며 한바탕 웃음을 터뜨렸다. 정말 요즘 아이들은 남의 기분도 참 잘 맞추고, 유머도 수준급이다.

늦은 저녁 시간, 《아일랜드 이야기》를 쓰고 있는데, 한 아이가 내 주변을 맴돌며 내가 글 쓰는 걸 유심히 지켜봤다. 그 아이는 5학년 정선우인데, 내가 지금까지 쓴 글이 3,600회 넘는다는 걸 알고는 놀라워했다. 또, 한글 자판도 없는 키보드로 내가 한글을 빠르게 치는 걸 보고, "어떻게 한글 자판 없이도 그렇게 치세요?"라며 궁금해했다.

"다 외워서 치지"라고 하니 또 한 번 놀라는 표정이었다.

"너도 이렇게 글 쓰고 싶냐?"

"저는 사이트 만들 줄 몰라요."

"네가 만들 필요 없어. 전문가가 만들어 주면 넌 그냥 쓰기만 하면 돼. 네 나이에 시작하면 내 나이가 될 땐 적어도 3만 회는 쓸 수 있을 거야."

그러자 선우는 감탄하며 고개를 끄덕였다. 선우가 내가 글 쓰는 걸 유독 관심 있게 지켜보는 걸 보니, 글 쓰는 데 큰 흥미가 있는 것 같다. 이번 경험이 선우에게도 좋은 계기가 되었으면 좋겠다.

엘리샤가 넘넘 좋아요!

아이들이 운동하고 있는 하키장을 찾았다. 어제에 이어 오늘도 내가 하키 게임 보러 경기장에 나타나니까 녀석들이 모두, "엘리샤 왔다!"라며 환호성을 지른다.

나 역시 이렇게 꼬마 녀석들한테서 환영을 받으니 얼마나 기분이 좋은지 모른다. 코치와 감독의 말에 의하면 아이들이 나를 무척 좋아해서 자기네들도 감사하단다. 사람이 사람을 좋아하게 되는 것은 어렵지 않다. 그냥 순순하게 받아주고 조금 희생해 주는 거다. 나는 늘 그렇게 살아왔고 앞으로도 또 그렇게 살다 갈 것이다.

어제오늘 같은 팀과 시합했는데 어제보다 더 큰 점수 차이로 우리 팀이 이겼다. 우리 선수들이 빙판 위에서 쌩쌩 얼마나 스케이트를 잘 타고 골을 잘 넣는지 보는 사람들로 하여금 신바람이 나게 했다. 나도 모르게 흥분해서 우리 아이들이 퍽(작고 납작한 검은 색 하키공)을 잡았을 때는 "go! go! go!"를 목청껏 크게 외치다가도 퍽이 상대편으로 가게 되면 "Oh, no, no, no!"를 연발하며 내 몸이 이리저리 아이들의 움직임 방향을 따라가게 된다. 어쩔 수 없이 나는 시끄러운 할마시다.

어제는 좀 추웠기 때문에 오늘은 겨울 부츠에 두꺼운 외투와 겨울 바지까지 입고 가서 한결 편안하게 구경했다. 집에 와서 이참에 아이스하키의 유래 및 빙상경기장이 가장 많은 나라 Top 10을 인터넷으로 보면서 깜짝 놀랐다. 역시~ 캐나다였구나. 빙상경기장의 수는 가히 캐나다를 따라올 나라가 없다.

천국과 지옥 사이

천국 편

새벽에 일어나 초코칩 쿠키를 구웠다. 내가 아침에 일어난 녀석들에게 너희들을 위해 쿠키를 새벽에 구웠다고 하니 한 꼬마 녀석이 내게 "와우, 여기가 천국이네!"라며 이불 위로 벌러덩 드러눕는다. 그 소리를 들은 아이들이 우르르 부엌으로 몰려와서 아직도 따뜻한 쿠키를 들여다보면서 킁킁거리며 코를 벌렁거린다. 여기까지는 우리 모두에게 천국이었다.

지옥 편

약 한 시간쯤 지나 방에서 녀석들 간에 시비가 붙었나 보다. 내용은 알지 못했지만 고성이 오가고 목소리가 점점 거세진다. 아침을 먹던 나는 궁금했지만 애써 모른 척하며 식사를 마무리했다. 급기야 소리를 크게 지르던 녀석이 다른 방으로 옮겨가면서 문을 거칠게 닫는다. 헐헐헐! 우째 이런 일이!

나중에 알게 된 일인데 사건의 경위는 이러했다. 소리를 질렀던 녀석이 방에 누워 있는데 다른 몇 명이 그 녀석을 가로질러 가려 했다는 것이다. 그런데 상대방 아이들은 이야기가 다르다. 그 무리가 먼저 그 녀석에게 자기네들이 지나가니까 좀 비켜 달라고 했는데 꼼짝도 안 해서 그냥 넘어갔단다. 그래서 누워 있던 녀석이 그만 화가 머리끝까지 났었다는 얘기다. 감독관이 친구를 넘어간 녀석들에게 사람을 머리 쪽으로 넘어가면 안 되고 다리 아래쪽으로 지나가야 한다고 타이르니, 어느 쪽으로 넘어가든 그게 무슨 큰 차이가 있냐? 우리가 양해를 구했었다며 서로 맞서고 있었다. 어제까지 시합 잘하고 룰루랄라 하던 녀석들이 이런 일로 언성을 높이다니. 역시 어리고 귀엽다.

아침 사건은 아직도 화해를 못 한 상태지만 다들 별일 아니란 듯 지내고 있다. 이렇듯 인간사 참으로 알 수 없다. 친구를 넘어간 녀석들에게 사과했냐고 물었더니 단호히 "아뇨!"란다.

아침에는 모두 천국이었는데 얼마 지나지 않아 지옥의 문턱에서 으르렁거리다니, 이것이 인간 사는 모습일 테지….

백만장자보다 더 행복하다

가끔 낯선 사람들이 내 글을 읽고 후기를 남긴다. 어제는 한글 이름에 영어로 된 메시지를 받았다. 우연히 내 사이트를 보고 감탄했다며, "이렇게 다양하고 재미있는 사이트를 왜 돈벌이에 활용하지 않으세요?"라며 자신이 나를 백만장자로 만들어주겠다고 했다. 이런 제안이 처음은 아니지만, 나는 늘 무시해 왔다.

심지어 나와 가까운 사람들 중에서도 내 이야기를 YouTube에 올리면 조회수 폭발할 거라고 조언하는 사람들이 있다. 현재 내 웹사이트 독자는 정확히 213명, 거의 모두 나를 아는 사람들이다. 나는 그들과 나의 하루를 나누며 함께 기뻐하고 감동을 주고받는 것만으로 만족한다.

만약 수만 명이 내 글을 본다면 어떨까? 나는 아마 불안해서 내 집에서조차 살기 힘들 것이다. 범죄 위험도 있을 수 있고, 온갖 악플도 감당해야 하지 않겠는가. 굳이 그런 스트레스를 받을 필요가 있을까? 이 나이에 돈을 더 벌어서 뭐 하겠는가. 정부에서 나오는 연금 덕분에 많지 않지만, 편안한 노후를 보내고 있고, 글 쓰는 일은 나에게 행복을 주는 취미일 뿐이다. 젊었을 때는 자식 키우느라 돈이 필요했지만, 이제는 그렇지 않다. 음식도 다 못 먹고 남길 때가 많고, 옷도 더 살 필요가 없다. 지금 있는 옷도 다 못 입고 죽을 것이고, 신발이나 장신구도 마찬가지다. 오히려 요즘엔 안 쓰는 물건들을 정리하느라 바쁘다.

젊었을 땐 돈 걱정으로 고생한 적도 많지만, 이제는 그 시절마저도 소중한 추억으로 남아 있다. 그 경험 덕분에 지금은 어려운 이웃들에게 더 따뜻한 마음이 간다. 만약 그때 돈이 넉넉했다면, 아마 나는 어려운 사람들의 심정을 지금처럼 이해하지 못했을 것 같다.

백만장자가 되는 것보다, 지금처럼 소박하고 평온한 삶이 훨씬 더 행복하고 가치 있다고 느낀다.

낙하산 직원 사랑받다

낮에, 예전에 일했던 비타민 가게 'Lifestyle'에 들렀다. 비타민과 몇 가지 채소를 사러 갔는데, 내가 이 직장을 떠난 지 십여 년이 지났음에도 아직 남아 있는 몇몇 직원들이 나를 알아보고 반갑게 맞아주었다. 집으로 돌아오면서 처음 이 가게에서 일하게 됐을 때의 기억이 떠올랐다.

그러니까 지금으로부터 13년 전이다. 밴쿠버에 집이 있는 이 가게의 사장이 직접 빅토리아로 들어와서 나를 낙하산처럼 밀어 넣고 갔다. 사실 나는 그 당시 비타민에 대해 전혀 알지 못해 겁이 나서 더 쉬운 파트에서 일하고 싶었다. 예를 들자면, 캐셔나 물건 정리, 주문 관리 같은 것 말이다. 하지만 사장은, 나를 과대평가하며, 가장 어려운 비타민 섹션으로 나를 보냈다. 헉! 걱정이 태산 같았다.

첫 출근 날, 나는 수많은 종류의 비타민을 보고 깜짝 놀랐다. 그러나 포기할 수는 없었다. 사장의 기대를 저버리지 않기 위해 실수 없이 잘 해내야만 했다. 퇴근할 때면 진열대 위에 놓여있는 비타민들의 사진을 찍어 집에 와서 매일 그 이름들을 외우기 시작했다. 왜 이렇게 이름들이 긴지!

그렇게 우여곡절 속에 최선을 다해 일했고, 직원들이 나를 좋아할

즈음 나는 서브웨이 매니저로 스카우트됐다. 내가 떠날 때 직원들이 커다란 카드에 빼곡히 써준 작별 인사는 지금도 잊지 못한다.

나는 주인의 낙하산으로 일을 시작했기 때문에 더 프로답게 일하려고 노력했고, 직원들과도 마찰 없이 잘 지냈다. 하지만 게으른 직원에게는 주저하지 않고 다가가서 잘못된 부분을 지적하고 잘하도록 조언했다. 나는 비타민에 대해 특별한 공부를 한 사람도 아니었고, 다른 직원들처럼 영어를 유창하게 구사하지도 못했지만, 핵심만 요약해 설명하는 방법을 나름대로 연구하며 세일즈를 했다. 덕분에 매니저로부터 세일즈를 가장 잘한다는 칭찬도 받았다.

지금도 가끔 밴쿠버에 있는 사장 부부와 통화할 때면, 나에게 은퇴할 즈음에 일할 기회를 준 것에 대해 늘 고마움을 전한다. 그럴 때마다 그들은 웃으며 이렇게 말한다.

"We love you, Alicia!"

'언니표 김치' 승승장구

낮에 수영을 마치고 수영장을 나서는데, 앞서가던 남자가 나를 힐끗 보더니 걸음을 멈췄다. 요즘 몸 상태도 안 좋은 데다 바쁘기도 해서 늘 앞만 보고 다녔는데, 그가 멈춰 선 모습에 나도 발길을 멈췄다. '누구지?' 하고 의아해하며 돌아보는데 그가 갑자기 반색하며 나를 "언니!"라고 불렀다.

"Oh, hi, Darwin!"

다윈은 내가 예전에 서브웨이 매니저로 일할 때 함께 일했던 직원이었다. 그는 아내와 함께 우리 가게에서 영주권을 땄고, 둘 다 성실히 일해 지금은 콘도를 두 채나 가지고 있는 청년이다.

몇 년 전, 그의 어머니가 방문 비자로 왔다가 떠나기 전에 나에게 김치 담그는 법을 배우고 싶다고 했었다. 그 당시 나는 너무 바빠 시간을 낼 수 없었는데, 어느 날 그의 어머니가 예고도 없이 우리 집에 찾아와 거의 부엌에 눕다시피 생떼를 썼었다.

"나 내일 필리핀으로 돌아가는데, 꼭 김치를 배우고 가고 싶어요."

이 이야기는 '아일랜드 이야기 2333'에 실려 있기 때문에 오래된 나의 독자들은 이 사연을 기억할 것이다. 어쩔 수 없이 나는 배추 두 통과 양념을 사 오라고 알려줬고, 다윈 어머니는 내가 소개한 한국식품점 '호돌이'에서 재료를 사 왔다. 나는 늘 일정한 레시피 없이 내 머릿속에서 나오는 대로 양념을 하는데, 그날도 집에 있는 양념을 털어 대충대충 설명해 주면서 김치를 담갔다.

그 이후 Darwin의 소식에 의하면 필리핀으로 돌아간 지 한 달 후 그의 어머니는 필리핀에서 '언니 김치'라는 이름으로 김치를 시판하기 시작했다고 했다.

"엄마는 아직도 김치를 만드시냐?"

Darwin은 웃으며 뜸을 들이다가 말했다.

"울 엄마 이제 김치 강사로 나섰어요. 그것도 정부 기관에서요."

"뭐라고? 김치 강사까지?"

나는 너무 놀라 나도 모르게 소리를 질렀다. 어머니는 이제 직접 김치를 만들지는 않지만, 정부 기관에 속해 자원봉사로 필리핀 사람들에게 김치 담그는 법을 가르치고 계시단다. 지난번 '아일랜드 이야기'에서 내가 "뛰는 년 위에 나는 년"이라는 말을 했는데, 정말 그 말이 딱 맞는 상황이다. 한 시간 배운 김치 담그기로 김치 강사까지 됐으니, 정말 인간 승리 아닌가!

이름도 '언니 김치'로, 그들은 나를 모두 '언니'라고 부른다.

이만하면 됐어, '토닥토닥'

 이 세상에는 불행한 완벽주의자와 행복한 완벽주의자가 있다고 한다. 그림을 그리면서 '세바시'에서 하는 이동귀 교수의 얘기를 듣는 내내 '그렇구나, 그렇지' 하며 고개를 끄덕였다. 이동귀 교수가 말하는 '행복한 완벽주의자와 불행한 완벽주의자'의 차이를 들어보자.

 한국 사회는 '빨리빨리' 문화와 치열한 경쟁을 장려하며, 그 속에서 많은 이들이 완벽주의자가 된다. 이들 중 일부는 자신의 완벽주의적 성향을 잘 활용해 성공에 도달하지만, 또 다른 누군가는 그 압박감에 짓눌려 우울과 불안을 겪으며 살아간다. 미국이든 우리나라든 일류 명문대학의 학생 자살률이 높은 이유도 이와 무관하지 않을 것이다. 불행한 완벽주의자들은 우울증에 취약하고, 이로 인해 극단적 선택을 막기 어려운 경우가 많아 그 결과는 종종 비극적이다. 하지만 완벽주의가 단지 부정적인 면만을 지니고 있는 것은 아니다. 완벽주의자의 단점으로는 실수에 대한 지나친 걱정, 행동에 대한 끊임없는 의심, 그리고 강박감이 있다. 그러나 이들은 철저한 계획 능력, 꼼꼼한 업무 처리 능력, 그리고 늘 최선을 다하는 성실함으로 주변 사람들로부터 자주 칭찬을 받는다.

 이동규 교수는 또 다음과 같이 말한다.

"주변에서 다들 '그만하면 잘했다'고 해도, 정작 본인은 부족하다고 느끼는 경우가 많아요. 날씬한 여성들도 스스로를 살이 쪘다고 생각하고, 얼굴의 미세한 비대칭마저 불편하게 여기는 사람들도 있죠. 사실 완벽을 추구하는 건 현실적이지 않아요. 무슨 일이든 하다 보면 마음에 들지 않는 점은 반드시 생기기 마련이니까요. 완벽보다는 최선을 다하는 데 집중하는 게 더 바람직합니다."

그는 또한 실수와 실패를 잘 구별하고, 그 과정에서 최선을 다한 자신을 발견하며, 이를 통해 배움을 얻는 것이 더 나은 완벽주의자로 성장하는 길이라고 강조했다.

나는 집안일은 대충 하는 습관이 있는데, 이 강의를 듣고 나니 나의 '대충'이 그리 나쁘지만은 않은 것 같다는 생각이 든다. 어쩌면 이런 '대충대충'이 '행복한 완벽주의자'에 더 가까운 모습일지도 모른다.

'그만하면 잘했어. 수고했어.'

내가 나의 등과 어깨를 두드리며 스스로를 격려해 본다.

나는 가끔 흐트러지기도 한다

코비드 기간이었다. 피검사를 받으러 빅토리아에서 제일 큰 종합병원에 갔다. 입구에서 예약하고 왔냐고 묻는다. "내 내과 전문의가 연락해 놨을 텐데요?"라고 했더니, 쪽지 하나를 내밀며 직접 메시지를 보내 예약하라고 한다. 이게 무슨 황당한 일인가? 당황해서 잠시 머뭇거리다 뒤로 물러서 의자에 앉아 받은 번호로 메시지를 보냈더니 이름을 입력하란다. 이리저리 혼란스러운 가운데, 갑자기 번호 3이 뜬다. 내 순서가 세 번째라는 뜻이다. 입구에서 쪽지를 준 직원이 그걸 보고는 N 출구로 가면 검사실이 있다고 알려준다.

다행히 많이 기다리지 않고 세 번째로 피검사를 마쳤다. 그런데 변 검사통을 주면서 호두만큼 받아 오란다. "호두?" 순간 어리둥절했다. 껍질 깐 호두는 조각나 있지 않던가? 궁금증이 일었다. "어떤 호두요?" 피를 뽑던 직원이 손가락을 동그랗게 모으면서 "이만큼, 호두알만큼"이라고 한다. 내가 "하하, 걱정 마세요, 내 건 충분히 큰 사이즈예요!"라고 말하자, 그녀도 따라 크게 웃었다.

집에 돌아오는 길에 코스트코에 들러 고트치즈 하나를 사 왔다. 치즈를 자르다 보니 와인이 생각났다. 어쩌다 한 번, 아주 가끔 혼자 와인 한 잔을 홀짝일 때가 있는데, 오늘이 그날이었다.

사람이 어떻게 항상 똑바로만 걸을 수 있겠는가? 때로는 비틀거리기도 하고 넘어지기도 하면서 살아가는 법이다. 중요한 건, 그 자리에 주저앉아 포기하지 않고 다시 일어나는 것이다. 와인 한 잔이 들어가니 어깨가 풀어지고 기분도 훌쩍 좋아진다. '세상 근심아, 다 물러가라!' 이 기세로 한 시간쯤 몽상 속에서 '얼씨구 절씨구' 혼자 흥얼거린다. 이때 그리는 그림은 색감이 더 밝다. 첫날부터 이렇게 화사한 색이 나오는 건 흔치 않다. 이건 순전히 와인의 힘이다. 앗싸!

돈타령

돈이 하늘에서 쏟아지고 있었다. 신기해서 열심히 돈을 줍고 있는데 갑자기 몸이 어디론가 빨려 들어가더니 내 방 내 침대에 내 몸이 덩그러니 누워있지 않은가! 그제야 이 모든 게 꿈이었음을 깨닫고, 허탈해하는 내 모습에 웃음이 피식 새어 나왔다.

성경 창세기 37장 28절에는 이런 말씀이 나온다.

"그때에 미디안 상인들이 지나가고 있었으므로, 요셉의 형들이 그를 구덩이에서 끌어 올려 은 이십에 이스마엘 사람들에게 팔았더니, 그 상인들이 요셉을 데리고 애굽으로 갔다."

은으로 사람을 사고팔던 시절이 있었으니, 금과 은, 돈은 오래전부터 인간에게 중요한 가치였음이 틀림없다. 그래서인지 사람들은 끊임없이 '돈, 돈, 돈'을 외치며, 돈을 통장에 쌓아두는 것에 집착한다.

그러나 한때 지독히도 절약하며 돈을 모았던 사람이, 정작 은퇴하고 나서 자신이 그리 많은 돈이 필요하지 않다는 사실을 깨닫고는 지난날을 후회했다고 한다. 나 역시 은퇴 후 그 말이 조금씩 이해가 간다. 먹는 것, 입는 것에 대한 욕심도 줄고, 꼭 가져야 할 것들도 없어진다. 일상에 불편함 없이 먹고 입을 것만 있으면 충분한 게 노후의 삶이다. 돈이 돌고 돌듯, 조금 베풀며 살면 주변 사람들과의 관계도 더 따뜻해진다. 그러다 문득 돈이 내게 속삭이는 듯하다. 마치 자신의 이름이 얼마나 다양한지 자랑하는 것처럼.

용돈, 생돈, 빌린 돈, 눈먼 돈, 이잣돈, 쌈짓돈, 노잣돈, 잔돈, 큰돈, 목돈, 거스름돈, 웃돈, 뭉칫돈, 급한 돈, 등등.

이렇게 돈에 대한 생각에 빠져들다 잠에 빠져들었다.

하루가 꽝일 때가 있다

지난 토요일 오전, 나는 숲을 향해 북쪽으로 차를 몰았다. 계간지 《산림문학》에서 '캐나다 숲'에 관한 원고 청탁을 받았기 때문이다. 미리 여러 자료를 검색해 두긴 했지만, 직접 눈으로 보고 몸으로 느낀 후에야 글을 쓸 수 있을 것 같았다. 혼자 운전하기가 불안해 교회 교우 한 분께 부탁드려 동행했다.

나나이모를 지나 팍스빌 쪽으로 접어들면서 GPS를 켰다. 그런데 안내를 따라가다 보니 어느새 아스팔트 도로를 벗어나 흙길로 들어서 있었다. 나중에야 알았지만 그 길은 나무를 베어 나르는 '임도'였다. 꼬불꼬불 이어진 길에는 차 한 대 보이지 않았고, 흙먼지만 일었다. 낮이었지만 큰길이 보이지 않아 걱정이 되었고, 솔직히 조금 겁이 나기도 했다. 약 30분쯤 그렇게 달린 후에야 겨우 큰길과 만났을 때, 우리 둘 다 '휴우~' 안도의 한숨을 내쉬었다.

운전을 맡아주신 교우님은 작년에 와 본 경험이 있어 익숙했지만, GPS가 엉뚱한 길로 안내하는 바람에 고생을 한 것이다. 만약 내가 혼자였다면 아마 엄청 두려웠을 것이다. 지체는 되었지만 마침내 목적지인 맥밀란 주립공원의 Cathedral Grove에 도착했다. 이곳은 밴쿠버 아일랜드에서도 손꼽히는 숲으로, 800년 된 나무들이 우뚝 서 있다.

그런데 주차를 하고 입구로 들어가려는 순간, 경찰이 성큼성큼 다가와 우리를 막았다. "입산 금지입니다." 최근 계속되는 산불로 공원 출입이 전면 금지됐다는 것이다. 헉! 이렇게 먼 길을 왔는데 발도 못 들여보다니! 우리뿐 아니라 온타리오에서 비행기를 타고 온 여성과 밴쿠버에서 온 일행들도 연신 "Oh, no!"를 외치며 발길을 돌려야 했다.

그대로 돌아가기엔 아쉬워 근처 굴·조개 양식장을 찾았다. 차로 한 시간쯤 달려 도착했지만, 물탱크는 텅 비어 있었고 굴과 조개 몇 무더기만 힘없이 놓여 있었다. 주인에게 물으니 아침에 탱크가 고장 나 바닷물이 다 빠졌다는 것이다. 싱싱한 바닷물 속에서 입을 벌리고 있어야 할 조개들이 말라붙어 있는 모습이 영 불안했다. 혹시라도 식중독에 걸릴까 싶어 결국 발길을 돌려 빅토리아로 돌아왔다.

집에 도착한 시간은 오후 6시. 아침에 떠난 지 꼬박 8시간 만이었다. 아무 성과도 없이 빈손으로 돌아온 셈이다. 저녁은 어떻게 해결했는지도 모르겠다. 그저 곧장 침대에 쓰러져 아침까지 푹 잠들었다.

그날 느낀 건 단순하다. 매일 대박일 수는 없다. 때로는 허탕 치는 날도 있는 법이다. 하루 종일 운전해 주신 교우님께 마음 깊이 감사드린다.

좋은 남자, 나쁜 남자들

내가 사는 빅토리아에 살고 있는 앨런 씨는 평생 유명한 건축가로 활동했으며, 은퇴 후에는 젊은 시절부터 꿈꿔 온 가난한 나라에 학교를 지어주는 일을 하고 있다. 올해 일흔여섯인 그는 여전히 가난한 나라의 어린이들을 위해 학교 짓기에 힘쓰고 있다.

앨런 씨는 코로나19 종식 후, 올해 11월에 다시 탄자니아를 방문하여 이 지역의 7개 학교 프로젝트 중 2개에 새로운 교사 숙소를 지었다는 소식을 전해 왔다.

몇 년 전, 앨런 씨는 탄자니아에서 유명한 차(tea)를 사기 위해 오는 외국인 바이어들 때문에 많은 여성들이 원치 않는 임신을 하게 된다는 사실을 알게 되었고, 이러한 일이 반복되지 않도록 계획을 세워 다음 해에 여성들만 거주할 수 있는 기숙사를 현대식으로 지어주었다. 앨런 씨 덕분에 이제 현지 여성들이 기숙사에서 문을 단단히 잠그고 안전하게 잠을 잘 수 있게 되었다고 기뻐하는 모습을 보게 됐다.

나와 앨런 씨와의 인연은 12년 전으로 거슬러 올라간다. 내 글을 오래전부터 읽어온 사람들은 그 이야기를 잘 알고 있을 것이다. 나는 매년 미술 전시회에서 얻은 수익금의 절반 이상을 탄자니아에 보내어 지금까지 4개의 교실을 지었는데 혹 자금이 모자랄 경우 우리 집 하숙샘이 돕기도 했다.

앨런 씨는 매번 탄자니아를 다녀온 후, 기부자들에게 그곳의 상황을 보고하며 어려운 사정을 이야기하곤 하는데, 가난한 나라의 여성들을 무책임하게 원치 않은 임신을 시키고 가는 '나쁜 남자들'에 대한 개탄을 금치 못하고 있다.

좋은 남자 앨런 씨가 늘 건강하기를 빈다.

기숙사 샤워장. 깔끔하게 예쁘게 단장되었다.

더위 속의 연민

겨울용 큰 이불을 세탁하기 위해 빨래방으로 갔다. 먼저 온 세탁물들이 밀려 있어서 약 30분을 기다린 후 우리 이불을 세탁기에 넣고 밖으로 나오긴 했지만, 세탁이 끝날 때까지 45분 동안 어디를 가서 있나 문 앞에 서서 망설이고 있었다. 날씨는 덥고 몸은 불편해서 어디론가 가서 앉아 있을 생각이었다. 그런데 빨래방 출입문 쪽에 한 노숙자가 땡볕에 앉아 있다. 마침, 세탁기에 동전을 넣고 남은 것이 있어서 다가가서 돈을 좀 주었다. 바구니에 들어온 돈을 보더니 이 남자는 바로 돈 바구니를 뒤로 접어 넣었다. 그걸 본 내가 물었다.

"지금 좌판 걷는 중입니까?"

오늘 영업 끝난 거냐고 묻는 거나 마찬가지.

"아뇨, 지금 너무 더워서 길 건너 저기 스타벅스로 가려고요. 땀을 좀 식혀야겠어요."

아닌 게 아니라 해가 정면으로 그의 얼굴을 비추고 있었다. 그의 손에는 물통이 들려있는데 그 물로 몸의 열기를 적시고 있었는지 윗도리가 군데군데 물기에 젖어 있다.

"그래야겠네요. 날이 너무 덥죠?"

고맙다는 말을 여러 번 하면서 자리에서 일어나더니 총총걸음으로 스타벅스로 들어갔다.

　사실 나는 이불을 세탁기에 집어넣고 나오면서 더위를 식히기 위해 스타벅스로 가서 쉬다 올까도 생각했지만, 비싼 커피 마실 일 없다는 생각에 주춤하고 있었는데 막상 나한테서 동냥을 받은 사람은 스타벅스로 간다는 말에 나도 모르게 웃음이 나왔다.

　내가 몇 푼 도와주었다고 그 사람이 스타벅스에 가는 것을 돈 아껴 쓰지 않는다고 나무랄 생각은 없다. 그 사람이 몇 푼 아낀다고 지금 무슨 해결책이 생기는 것도 아니다. 더욱이 자동차도 없는데 이 더위에 어디서 땀을 식힐 수 있을까? 스타벅스에 가서 시원한 냉커피 한 잔 마시고 힘내서 다시 좌판에 앉아 수입을 잡아야 하지 않겠나. 이러나저러나 돈 버는 것은 쉬운 일이 아니다.

　뜨겁게 달궈진 몸을 에어컨 빵빵하게 틀어놓은 자동차에 싣고 집에 돌아와 냉동실에서 팝스클 하나 뽑아 더위를 식히고 침대에 누워 허리를 폈다. 태어날 때는 모두 축복받고 태어났을 텐데 희망 없이 하루하루 살아가는 노숙자들을 보면 가슴이 찡하다.

　8월 마지막을 하루 앞두고 유난히 더운 날, 스타벅스 커피로 잠시 목을 축였을 그 집 없는 남자의 얼굴이 떠오른다.

착한 며느리들아, 시엄마에 주눅 들지 마라

가끔 시어머니와 며느리 사이에 이해할 수 없는 사연을 듣다 보면 한심한 생각이 들곤 한다. 시대가 어느 때인데, 여전히 구시대적인 시어머니의 근성을 부리는 일이 참으로 기가 막히다. 대체로 이러한 이야기를 종합해 보면, 한 집안에 며느리가 여럿 있는 상황에서 돈을 벌지 못하고 친정이 별로인 며느리가 차별당하는 경우가 많다. 이러한 사연을 들을 때마다, 시어머니한테서 불평등한 대우를 받는 며느리들이 가엾고 바보 같다는 생각이 든다.

착한 며느리는 시어머니가 다른 며느리와 차별할 때, 따지거나 불평하지 못하고 속만 앓는다. 하지만 시어머니가 며느리에게 부당하게 갑질을 한다면, 처음부터 강하게 대처해야 한다. 무데뽀로 나가면 시어머니도 질려서 그런 며느리는 건드리지 못하게 된다. 결혼 생활은 내가 귀하게 자란 딸이라는 자부심을 가지고 시작해야 한다. 그렇지 않으면, 기회를 놓치고 시어머니가 살아 있는 동안 계속 착한 며느리를 괴롭히게 될 것이 분명하다.

독자들은 내가 왜 이렇게 흥분해서 글을 쓰는지 궁금할지도 모르겠다. 그 이유는 우리 집에도 관련된 사연이 있기 때문이다. 밴쿠버에 사는 작은 동서가 있다. 나는 비록 예전에 남편과 헤어졌지만, 시동생,

시누이들과는 여전히 잘 지내고 있다. 어느 날, 동서가 내게 말했다.

"형님, 캐나다로 떠나고 나서 시어머니한테 시집살이했어요."

이 말을 듣고 나는 깜짝 놀라 물었다.

"뭐라고, 우리 시어머니가 동서한테?"

"아이구, 형님, 아이 낳고 며칠 지나지 않았는데도 어머니가 빨랫감 잔뜩 내놓고 빨래하라고 하셨어요. 겨울이었어요. 그때는 세탁기도 없었잖아요."

"뭐야? 진짜로? 아니 그럴 수가. 우리 시어머니는 내게는 절대로 그러지 않았는데, 어떻게 동서한테는?"

나는 우리 시어머니가 부드럽고 착한 분이라고 믿어 왔지만, 그 순간 뒤통수를 맞은 기분이 들었다. 그래, 인간은 다 그런가 보다. 나는 직장 다니며 돈을 벌어왔고, 동서는 그렇지 못했기에 시어머니는 동서를 얕잡아보고 시집살이를 시켰던 것이다.

여기서 며느리들에게 전하고 싶은 메시지가 있다. 돈이 있건 없건 시어머니에게 지지 말고, 대들고 따져야 한다. 결혼하면 내 가정이지, 시어머니의 가정이 아니다. 남편에게도 이렇게 상황을 알리고 우물쭈물하지 말고, 호되게 나무라라고 말하고 싶다. 나와 함께 살려면 내 말을 들어야 한다고!

우리는 눈을 뜨면 컴퓨터 등등 신기술을 따라잡기 힘든 세상에 살고 있다. 며느리들이 시어머니 눈치를 볼 시간이 없다.

못된 시어머니들아, 착한 며느리에게 부당한 갑질을 하지 마라!

공짜 공기 5분에 2달러

　어제저녁 기도회에 가는 길이었다. 프리웨이 중간쯤에 갑자기 자동차 스크린에 빨간불이 들어오면서 타이어에 바람이 빠졌다는 표시가 뜬다. 하지만 가던 길을 멈출 수 없어서 조심스레 계속 운전해 갔다. 교회에 도착해서 예배를 보고 한 시간 후에 차 시동을 걸고 교회 마당을 나서는데 다시 빨간불이 켜지면서 이번에는 오른쪽 앞 타이어에서 '쉭쉭' 소리가 난다. 헐, 이 밤중에 어쩌나!

　다행히 교회 가까운 곳에 주유소가 두 군데 있어서 우선 우회전하기 쉬운 주유소로 들어가 주차하고 건물 안으로 들어갔다. 건물 안에는 직원과 남자 손님 둘이 기름값을 내려고 서 있었다. 나는 큰 소리로 "좀 도와주실 수 있나요? 내 자동차에 바람이 빠졌어요" 했다. 이 소리를 듣고 Esso 여자 직원이, 자기네는 에어 펌프가 고장이 났다면서 길 건너 주유소로 가면 있을 거라고 일러주었다. 내 말을 듣고 있던 두 남자가 내 뒤를 따라 나오더니 내 자동차 쪽으로 다가왔다. 밤중에 여자가 타이어 바람이 빠졌다는 소리를 듣고 그냥 갈 수 없었는지 도와주려고 한다. 역시 신사들이다.

　육안으로 보아도 한쪽 타이어가 조금 내려간 것을 본 한 남자가 어쩌면 집에까지 갈 수 있을 것 같단다. 그러나 다른 한 남자는 혹시 자동차 안에 경고 메시지가 떴냐고 묻는다. 내가 그렇다고 하니까 꼭 바람을 넣고 가야 한다며 길 건너 주유소에 가서 바람 넣으라고 말한다. 바람 넣기는 아주 쉬워서 내가 혼자 할 수 있단다.

아무렴, 할 수 있겠지 생각하며 길 건너로 차를 몰고 갔다. 마침 에어 펌프가 눈에 띄어 그쪽으로 주차를 하고 내가 할 수는 있겠지만 몸을 구부리기가 힘들고 해서 도우미를 찾아보기로 했다. 마침, 젊은 청년 한 사람이 기름을 다 넣은 모양새라서 도움을 청했더니 흔쾌히 내 차 쪽으로 다가온다. 이럴 때는 여자인 것이 고맙기까지 하다. 그가 나더러 "Tap"이라고 말하는데 나는 왜 tap을 해야 하는지 몰라서 어리둥절하고 있었다. 그가 다시 바람 넣는 기계 쪽으로 손가락질을 하며 tap하라면서 5분 동안 나오는 공깃값이 $2이라 말해 준다. 그러니까 공깃값을 먼저 계산하라는 것이었다. 언제부터 공기에 가격이 매겨졌지? 옛날에는 바람 넣는 것 다 공짜가 아니었나? 내가 기계 앞에 카드를 tap하니 공기 넣은 기계가 '쉬~' 하면서 작동한다. 그 청년이 내 타이어에 5분 동안 공기를 넣어주었다. 기온이 차고 바람이 불어 추운 날씨였는데 정말 고마웠다. 그는 내게 내일 아침에 꼭 정비소에 가서 손을 보라는 말도 해 주었다.

태어나서 처음으로 공기에 돈을 지불한 날이었다.

나이 듦의 지혜와 여유

나 오늘 혼자 좀 중얼거려도 될까? 그냥 그러고 싶네.

나이 먹으면 편해진다. 그러면 누군가는 묻겠지.

"뭐가 그리 편해져?"

글쎄. 딱 하나로 말하기는 어려워. 바빠서 동당거리지 않아도 되고, 잠도 아무 때나 자도 되고, 특별한 일 아니면 알람 없이 느긋하게 일어나도 되고. 또, 치장 안 해도 누가 흉 안 보잖아. 나이 드니까 대체로 다 용서받고 이해받아. 잘하고 못하고 따지기보다는 그냥 살아가는 게 더 중요하다는 걸 알게 돼. 예전에는 그런 데 시간 낭비했는데, 이제야 알겠다. 사람은 그냥 생긴 대로 살다 가는 거라는 걸.

그런데 나이 들면 들어야 할 얘기가 많아진다.

내가 매일 수영장에 가서 수중 운동을 하잖아. 거기 오는 할매들 대부분은 여기저기 아프다고 얘기해. 최근에 내 옆에서 운동하는 곱상한 할매, 안젤리나가 내 등에 부황 자국을 보고 묻더라. "엘리샤, 이거 cupping 맞지?" 맞다고 하니까, 자기도 유방암 수술 이후 몸이 많이 아파서 부황을 떠보고 싶다고 했어.

다른 할매 중엔 상상할 수 없을 만큼 과체중인 분도 있고, 또 어떤 할매는 너무 말라서 뼈에 살가죽만 붙어 있는 모습이야. 나이 들면서 육신의 고통이 이렇게 다양하게 오는구나 싶어. 수영장에 오는 할매들 90% 이상이 허리, 팔, 다리, 손가락, 눈, 귀, 당뇨, 심장병, 콜레스테롤 같은 성인병으로 고생해. 그래도 운동하러 나올 정도면 괜찮은 거지.

내가 수영장 다닌 지 벌써 3년이 넘었는데, 그동안 보던 여든 넘은 할매들은 이제 하나둘 안 보여. 수영장에 나올 힘이 없는 거지. 아이구, 그러고 보니 나도 수영장에 올 수 있는 체력에 감사해야겠다.

쪼글쪼글한 할매들 모습을 보면서 가끔 이런 생각이 들어.

'나도 저렇게 늙어가고 있구나. 잘 늙어야겠다.'

음식과 건강에 대한 나의 생각

    오후에 침대에 누워 쉬면서 저녁에 뭘 먹을까 고민했다. 낮에 바이타민 가게에서 사 온 과일과 채소들이 떠올랐고, 그중에서도 유난히 큼직한 감자가 눈에 아른거렸다. '그래, 오늘 저녁은 오븐에 구운 감자로 하자.' 감자를 오븐에 굽는 데는 시간이 꽤 걸리기 때문에 일찌감치 준비를 시작했다. 감자 위에 얹을 고명을 꺼내다 보니, 중요한 재료 하나가 빠져 있었다. 바로 Sour cream.

    잠시 '그냥 없이 할까?' 하고 고민했지만, 음식은 작은 재료 하나만 없어도 맛이 크게 달라진다는 걸 잘 알기에 결국 집을 나섰다. 사실 나는 이런 경우가 종종 있다. 어떤 날은 식탁 위의 음식을 제대로 완성하기 위해 마트 서너 군데를 돌아다니기도 한다. 귀찮고 번거롭지만, 좋은 음식을 대하는 내 마음은 그만큼 진지하다.

    Sour cream을 사 들고 나오는데, 바로 옆에 있던 와인 가게가 눈에 들어왔다. 그냥 지나치기 아쉬워 내가 좋아하는 'Black Sage' 레드와인 두 병도 함께 샀다. 생각해 보면, 음식과 와인은 떼려야 뗄 수 없는 짝꿍 같다. 좋은 음식은 입을 즐겁게 하고, 좋은 와인은 마음을 여유롭게 한다.

    물론 때로는 어제 먹다 남은 음식을 데워 먹기도 한다. 하지만 그 맛은 언제나 첫날의 신선함을 따라가지 못한다. 그래서 나는 가능하다면 음식을 남기지 않고, 그날 준비한 것은 그날 다 소화하는 편이다. 아깝다고 해서 무조건 챙겨 먹는 게 꼭 좋은 건 아니기 때문이다.

나는 이렇게 생각한다. 가정에서 음식을 책임지는 사람은 단순히 식탁을 채우는 역할이 아니라, 가족의 건강과 행복을 지켜내는 중요한 일을 하고 있다고. 음식은 단순히 배를 채우는 게 아니라 삶을 이어가는 힘이다.

나중에 아프면 돈도 아무 소용이 없고, 아름다운 세상도 더 이상 볼 수 없다. 정든 가족, 이웃들과 오래 이야기 나누고 싶어도 그럴 수 없게 된다. 그렇기 때문에 지금, 건강할 때, 음식을 통해 몸을 돌보는 일이 무엇보다 중요하다. 좋은 음식을 준비하는 일은 결국 자신을 위한 배려이자, 사랑하는 사람들과 오래 함께하기 위한 약속 같은 것이다.

인간의 두뇌

　기억력이 뛰어난 사람을 흔히 'photographic memory'를 가진 사람이라고 부른다. 이런 능력을 가진 이들은 참으로 큰 행운아다. 세계적인 지휘자 로린 마젤 역시 천재적인 기억력으로 유명하다. 그는 어린 시절부터 악보를 한 번만 보고도 기억할 수 있었고, 교향곡을 통째로 외우는 신동이었다.

　자폐 스펙트럼 장애를 가진 일부 사람들에게서 나타나는 특별한 증후군은 특정 분야에서 놀라운 기억력과 재능을 발휘하게 한다. 영화 〈굿 윌 헌팅〉과 레인맨에는 이러한 인물들이 등장한다. 특히 레인맨의 실제 모델이었던 킴 픽은 무려 1만 2천 권의 책을 외운 것으로 알려져 있다. 또 영국의 화가 스테판 윌트셔는 자폐를 앓고 있음에도 도시와 건축물을 한눈에 기억해 정밀하게 그려내는 재능을 보인다.

　물론 이런 천재들의 이야기는 너무 멀게만 느껴진다. 그래서 이제는 나의 이야기를 해보자.

　뒤로 넘어져 등뼈 세 군데 금이 간 이후 칼슘에 관한 공부를 열심히 하고 있는데, 섹션별로 내용을 타이핑해 정리하고 반복해서 읽으며 내 것으로 만들려고 노력 중이다. 오늘은 치아에 관한 부분을 공부했는데, 몇 줄 되지 않는 문장을 하루 종일 보고 또 보며 외우려 애썼다.

산책길에서도 더듬더듬 되뇌고, 밥을 하면서도 중얼거렸다. 잠자리에 누워서도 종이를 들여다보다가 "휴…" 한숨이 절로 나왔다. 사실 원리만 대충 이해하고 넘어가도 되겠지만, 괜히 찜찜해서 끝까지 외워보고 싶었다.

이런 둔한 머리로 어떻게 학생 시절 낙제하지 않고 공부했는지 신기할 따름이다. 이해는 다 되는데, 막상 다른 사람에게 설명하려면 멋지게 정리해서 말하지 못하는 나 자신이 답답하다.

그러다 문득 나이를 떠올리며, '그래, 나이 탓이지. 이 나이에 공부라니…' 하며 스스로 위로해 본다. 하지만 곧바로 '이 나이가 어때서? 간섭도 없고, 시간도 많아. 지금이야말로 공부하기 좋은 나이지!' 하고 되새긴다.

인터넷에서 '나이를 먹으면 머리가 나빠지는가?'라는 질문을 찾아보니 이런 글이 있었다.

"인간의 두뇌도 나이가 들면 뇌세포가 줄어든다는 보고는 있지만, 줄어든 만큼 두뇌 활동이 떨어진다는 명확한 증거는 없다. 훈련을 통해 더 많은 네트워크 연결을 만들 수 있기 때문이다. 네트워크 효과 덕분에 뇌세포가 줄어드는 것보다 훨씬 큰 효과를 기대할 수 있다."

이 글을 읽고 보니, 늙는다고 반드시 두뇌 활동이 떨어진다는 근거는 없는 듯하다. 결국 내 머리가 처음부터 그리 명석하지 않은 것일지도 모른다. 그래도 지금까지 잘 써먹어 왔으니, 앞으로도 하던 대로 열심히 훈련하며 쓰면 되는 것이다.

지는 것이 이기는 것이다

어느 여류 시인의 〈부부〉라는 시 속에 이런 구절이 있다.
"나는 보자기를 낼 테니까, 너는 가위를 내거라."
즉, 스스로 져 줌으로써 가정의 평화를 이루자는 뜻이다.
이 시를 처음 읽은 지가 벌써 40년도 더 지났건만, 여전히 그 구절이 내 머릿속을 떠나지 않고 맴돈다. 아마 그 시인도 많은 부부들이 그러하듯, 다투고 화해하는 과정을 수없이 겪었을 것이다. 싸움에서 지쳐 마침내 깨달은 것은, 이기려 하지 않고 한발 양보하는 순간 비로소 평화가 찾아온다는 진리였을 것이다.
세월이 흐르면서 나도 모르게 나 역시 타인에게 슬며시 져주는 습관이 생겼다. 처음엔 그저 늙어 힘이 없어져서 그렇겠지 생각했지만, 곰곰이 돌아보면 삶의 경험이 가르쳐 준 결과인 듯하다. 애써 따지고 들면 내가 이길 일도 많았다. 그러나 내가 이기는 순간, 관계는 깨지고, 마음에 상처만 남는다. 차라리 한발 물러나 패스를 하면 오히려 관계가 부드럽게 이어졌다. 지고 사는 것이 곧 지혜요, 이김보다 더 큰 승리일 수 있음을 깨닫는다.
요즘 하숙샘과 점심마다 게임을 한다. 처음에는 '조커'를 끝까지 쥐고 있다가 마지막에 내는 쪽이 유리하다고 생각해 그렇게 고집했는데, 이제는 미리 내놓고 서로 주고받는 재미를 즐긴다. 가만히 보니, 조커를 언제 내든 승부에는 별다른 차이가 없었다. 돈이 걸린 것도 아닌데, 왜 그리 이기겠다고 집착했을까 싶어 허허 웃음만 나온다.

재미있는 건, 이상하게도 이기려는 마음을 내려놓으니 오히려 조커가 내 손에 더 자주 들어온다는 사실이다. 우연일까? 아니면 마음이 가벼워지니 운도 따라오는 걸까?

오늘도 2:1로 이겼다. 괜히 티는 안 내고, 히히 웃으며 이 층으로 올라온다. 마음은 이미 승부의 결과를 넘어, 평화를 얻는 즐거움으로 가득하다. 샬롬.

화가들은 어떤 음식을 좋아할까?

　많은 주부들이 그렇겠지만 나는 요리를 하기 전 그 요리의 맛을 미리 입에서 만들어내고 먹을 때 그 맛이 나왔는지 확인한다. 오늘처럼 막국수를 만들려는 생각을 점심 이후에 마음먹었다면 우선 국물부터 근사하게 뽑아내야 하기 때문에 적어도 저녁 식사 시간 두 시간 전에는 국물을 만든다. 물론 국물을 미리 만들어 냉장고에 넣고 쓰기도 하지만 그래도 그날 바로 만든 국물이 최고로 맛있다. 나는 국수 국물 재료로 멸치, 다시마, 양파껍질 모아둔 것, 대파, 무를 넣어 찬물에서부터 천천히 끓인다.
　다음으로 국수 위에 올릴 재료들을 요리한다.

　소고기 양념한 것 조금, 왕새우 각각 2개씩, 구워서 바스러뜨린 김, 파와 마늘 고춧가루 넣은 양념장.
　이렇게 막국수를 만들어 먹으면 속은 따뜻하고 마음은 행복하다.

　화가들은 어떤 음식을 좋아했을까? 해산물과 생선요리를 좋아했던 화가들이 많다.
　르누아르는 신선한 바다 향을 품은 성게 소스를 좋아했고 마티스와

모네는 지중해식 생선스튜인 부야베스를 즐겨 먹었다.

(부야베스는 마르세유의 어부들이 포획한 생선 중 팔리지 않고 남은 생선이나, 상태가 좋지 않은 생선들을 처리하기 위한 음식으로 출발하였다. 즉, 그냥 버리기 아까우니 자신들이 먹자는 의도로 하여 종류를 불문하고 모두 냄비에 넣어 끓이고 여기에 양을 늘리기 위해 감자 등을 넣고 끓였던 서민의 음식이었다. 이후 오늘날에는 신선하고 값비싼 생선과 해산물들을 사용함으로써 지중해 연안 도시의 고급 레스토랑에서 판매하는 값비싼 고급 음식으로 발전하였다.)

폴 세잔느는 멸치를 좋아해서 작업실에 갈 때마다 도시락에 으깬 멸치를 싸 갔다.

뭉크는 청어를 즐겨 먹었으며, 프리다 칼로는 멕시코 베라크르스에 있는 동안 빨간색 도미구이를 자주 먹었다.

폴 고갱도 해산물을 좋아했는데 그는 자신이 요리를 잘해서 금방 뚝딱 만들어 낼 정도로 요리 솜씨가 대단했다.

살바도르는 "죽을지언정 맛없는 음식은 먹지 않겠다"라고 말할 정도로 대단한 미식가였다. 그는 유난히 성게를 좋아했다.

엘리샤는 뚝배기 된장찌개를 좋아한다. 언제나 맛있는 음식을 만들기 위해 연구 노력한다.

백합 한 다발로 네 사람을 행복하게 하다

눈 수술 일주일 만이다. 오후에 의사를 보러 가면서 나는 백합꽃 한 다발을 샀다. 준비된 카드에 아래 내용을 담고 꽃과 카드를 가방에 넣고 진료실 앞으로 가서 리셉션에게 Dr. Moss에게 전달해 달라고 말했다. 아내인 리셉션이 깜짝 놀라면서 곧바로 Dr. Moss가 있는 사무실 안으로 들어갔다. 내 이름이 불리고 방으로 들어가니 의사가 나오기 전에 미리 눈 검사하는 간호사가 사무실에 놓여있는 백합꽃을 보았다며 의사가 하는 말이 자기가 가장 좋아하는 꽃이 바로 백합꽃이라고 말하더란다. 조금 있으니 다른 간사가 다가오더니 또 "당신이 가져온 백합이 사무실에서 향기가 난다"라며 기분 좋아 하며 나갔다. 한참을 기다린 후 Dr. Moss가 방긋 웃는 얼굴로 두 손을 경배하듯 하면서 내게 고개를 숙이며 고맙다는 인사를 정중히 한다.

사실 나는 요즈음 눈 수술 이후에 이렇게 수술을 해주는 전문의가 있기 때문에 우리 나이 많은 사람들이 밝고 깨끗한 세상을 더 많이 보고 가는구나… 하면서 진심으로 감사한 마음을 갖게 됐다. 돈이야 의사가 나보다 몇백 배 더 많겠지만 이런 것이 어디 돈으로만 생각할 일일까? 나의 작은 정성으로 네 사람이 감격하는 모습을 보고 오는 길이 참으로 즐거웠다.

Dear Dr. Moss.

Thank you so much for doing a great job with my cataract and glaucoma surgery. I am so happy that your professional skills have brightened and cleared my eyes. I admire you for always being kind to me. Please stay healthy and happy and continue to heal the eyes of many elderly people. Thank you Alicia Lee.

닥터 모스에게.

내 백내장과 녹내장 수술을 잘 해주셔서 너무 감사합니다. 당신의 전문적인 기술로 인해 내 눈이 밝아지고 깨끗해져서 너무 기뻐요. 늘 제게 친절히 대해주신 당신을 존경합니다. 늘 건강하고 행복하셔서 많은 노인들의 눈을 계속 고쳐주세요. 감사합니다. 엘리샤 리.

인생의
희로애락

할미꽃 이야기

　내가 잘 아는 가정에는 아들이 여섯이다. 아들들이 모두 대학을 나와서 사는 것에 큰 어려움 없이 다 잘 사는 편이다. 그 집 어머니는 참으로 귀티 나는 분으로 내가 평소에 존경하는 분이었다. 이분은 미국에 있는 막내딸 집에서 이십여 년 동안 살다가 팔순을 넘기고 나서 한국으로 가시게 되었는데 막상 한국에 나와 보니 어머니를 모실 아들이 단 한 명도 없다는 것이다. 사연을 들어보면 다 이유는 있다.
　첫째 아들은 자신도 이제 늙어서 어머니 모시기 힘들고,
　둘째 아들은 며느리가 중간에 암으로 세상을 뜨는 바람이 혼자 사는 아들이 어머니를 모실 수 없고,
　셋째는 특별한 사연은 없지만 어머님 모시기를 힘들어하고,
　넷째는 며느리가 몸이 너무 약해서 못 모시고,
　다섯째는 미국 며느리와 결혼해서 힘들다고 한다.
　옛날 초등학교 3학년 국어책에 나온 '할미꽃' 얘기는 그냥 얘기가 아니다. 지금도 자식들은 부모를 이리저리 공 굴리듯 돌리는 집이 대다수다. 지금이야 부모들이 능력이 있어서 자기 먹을 것 다 가지고 있고 자식 눈치 안 보고 살다 갈 수 있지만 옛날에는 있는 것 자식들한테 다 주고 나면 구박만 받다가 가는 부모들이 흔했다.

남의 집 얘기만은 아니다. 우리 이모님도 평생에 열심히 일하고 희생하며 자식들 잘 길러 놓았는데 마지막에 부모 재산을 제일 많이 받은 자식이 어머니를 방에서 못 나오도록 방문을 밖에서 잠가 놓았다고 한다. 이런 불효한 일이 세상에 또 있을까 싶다. 너무 심성이 좋고 음식 솜씨도 뛰어난 이모님이셨는데 이 얘기를 듣고 마음이 너무 아팠다.

빌 영감님

나는 오래전, 밴쿠버에서 4시간 떨어진 내륙 지방에서 잠시 가게를 운영한 적이 있다. 그때 집 주인이었던 빌 영감님이 오래도록 내 기억에 남는다. 그 당시 내 나이 사십 대 초반. 어휴, 이게 언제 적 얘기야!

당시 이미 여든을 넘긴 나이에도 불구하고 영감님의 정정한 모습, 운전 실력, 유머 감각, 기억력 등은 젊은 사람 못지않았다. 가게를 인수하고 얼마 되지 않아서 그는 내게 조그마한 종이 하나와 방금 딴 보랏빛 제비꽃 송이들을 내 손에 건네주면서 "네게 주고 싶다"라고 했다. 고맙다는 인사와 함께 얼른 받아 든 종이에는 놀랍게도 이런 글이 적혀 있었다.

Thou art like a violet(제비꽃 같은 당신)
A mossy stone(이끼 낀 바위 언저리에)
Half hidden from the eye(사람들 눈에서 반쯤 가려져)
Fair as a star when(별처럼 빛나네)
Only one is shining in the sky(창공에서 빛나는 단 하나의 아름다움이여)

나는 빌 영감님이 따준 꽃을 말려 이 시가 적힌 종이 밑에 붙여 놓고 가끔 그 시를 읽곤 했다. 몸은 늙어도 절대로 늙지 않는 영혼이 있어 여든의 나이에도 젊은 마음을 그대로 간직하고 있다. 나는 아침 일찍 가게를 정리해 놓고 가게 바로 뒤에 있는 영감님 집을 자주 찾아뵙곤 했다. 그는 시간 맞추어 찻물을 끓여 놓고 나를 기다렸다. 내가 바빠서 그를 방문하지 못하는 날은 다음 날 가게에 와서 "어제 찻물을 몇 번이나 끓였어"라면서 애교스러운 불평을 하기도 했다. 나는 히죽이 웃으면서 "I am sorry"를 연발했다.

그날도 나는 영감님 집을 방문했다. 식탁에 앉으니, 정원에서 방금 따다 놓은 장미 두 송이가 유리컵 속에 있었다.

"어머나, 빌, 꽃을 정말 좋아하는군요."

"물론이지. 그런데 말야, 엘리샤. 오늘 이 꽃은 너를 위해 꽂아 두었어."

나는 찻잔에 물을 부으면서 부엌을 찬찬히 훑어보았다. 컵도, 스푼도, 행주도, 어느 곳 하나 더러운 곳이 없다. 나는 그날도 빌 영감님의 얘기를 들어주었다.

"처음에 내가 이 동네에 이사 오게 된 데는 이유가 있었지. 내가 기관지 천식이 있었거든, 의사가 기후가 건조한 곳에 가서 살라고 했어. 이 시골에는 직장이 없었기 때문에 처음에는 토마토 농장에서 일했어. 먼저 간 우리 집사람은 간호사였는데 이 동네 의사가 없어서 이 사람이 거의 의사 역할을 다했었어. 동네 아이들은 우리 마가렛이 다 받아냈지."

피아노 위에는 몇 달 전에 세상 뜬 부인의 사진이 놓여 있었는데 사

인생의 희로애락 **229**

각모를 쓴 그녀의 젊었을 때의 모습이 지성과 미모를 모두 다 갖추고 있었다. 차를 마시고 나는 100년도 넘은 그 집의 피아노 뚜껑을 열었다. 빌 영감님이 내게 물었다.

"너 피아노 칠 줄 알아?"

"네, 쬐끔요."

몇 가지 단음밖에 모르는 내 피아노 실력으로 나는 폼을 잡고 팔을 이리저리 나풀거리며 건반을 두드리고 노래를 불렀다.

아리랑 아리랑 아라리요.

아리랑 고개를 넘어간다.

나를 버리고 가시는 님은

십 리도 못 가서 발병 난다.

계속해서 이 노래를 부르면서 사람이 늙어가고, 또 결국에는 죽어야 한다는 것을 생각하니 나도 모르게 심연 속으로 빨려 들어가는 듯했다. 내가 빌 영감님에게 물었다.

"당신 첫사랑 경험 있소?"

영감님은 얼굴을 붉히더니 "잠깐만" 하고는 방으로 들어가더니 얼마나 오래되었는지 땟국이 졸졸 흐르는 양가죽 슬리퍼 한 켤레를 들고나왔다.

"그녀가 손수 만든 거야. 수도 직접 놓았고. 내가 18살 때였지. 나는 그녀와 늘 말을 타고 놀았지."

그는 갑자기 말을 중단하더니 창밖을 응시하면서 오랫동안 몸을 움직이지 않았다.

"아니, 당신 지금 울고 있소?"

그날 나는 빌 영감님을 홀로 두고 조용히 그 집을 빠져나왔다.

어느 주일인가부터 빌 영감님은 나를 따라 내가 다니고 있는 교회에 나오기 시작했다. 우린 맨 앞줄에 앉아서 예배를 드리곤 했는데 주일 아침마다 근사하게 중절모를 쓰고 집 문 앞에서 나를 기다리고 있었다. 내가 그곳을 떠난 후 한번은 주일날 그 교회에 참석했는데 빌 영감님은 여전히 앞줄에 혼자 앉아 예배를 보고 있었다.

지금은 천국에서 사랑하는 아내를 만나서 평화롭게 꽃밭을 거닐며 살고 있을 빌 영감님. 그의 뜨락에서 풍기는 진한 복숭아 향기가 그리워지는 날이다.

마지막에 웃는 자

낮에 빅토리아에서 18년 동안 사업하던 부부가 은퇴하고 이곳을 떠나면서 인사차 우리 집을 찾아왔다. 지난주에 약속을 잡아서 나는 이분들과의 식사 준비를 어제부터 해 두었다. 사업도 열심히 잘하고 삶도 열심히 살다 이곳을 떠나는 분들이다. 이들이 빅토리아를 떠나는 주목적은 여행을 많이 하기 위함이라고 한다. 사실 빅토리아는 섬이라서 여행이 조금 번거롭다. 어디를 가든지 일단 밴쿠버까지 나가서 다른 비행기를 갈아타야 하기 때문에 대도시에 살고 있는 사람들에 비해 시간과 경비가 더 든다. 돈은 그렇다 치더라도 밴쿠버에서 다음 행선지 비행기를 기다리는 공백 시간도 만만찮다.

이 부부는 산을 너무나 좋아해서 은퇴 전에도 여러 나라를 여행하면서 등산도 하고 그 나라의 풍광에 매료되어 페이스북에 올려놓은 것을 자주 보아왔다. 이제는 본격적으로 남은 생애 훌훌 털고 부담 없이 여행만 하고 다니기로 했단다.

그럴 수 있는 건강과 생활 여건이 받쳐주니 너무나 부러웠다. 은퇴 후 이런 삶은 아마도 우리 모두의 바람일지도 모른다. 이 부부의 얘기를 들으면서 나도 몸이 다 낫기만 하면 멀리는 못 가더라도 조금 가까운 데라도 자주 다녀봐야겠다는 야심 찬 결심을 해 봤다.

집도 팔고 이제는 홈 리스라며 너무나 마음이 홀가분하단다. "집 때문에 걱정할 것이 없다는 것이 이렇게 사람의 마음을 편하게 해 줄 줄이야!" 하며 어깨를 들썩인다.

새벽부터 마지막 짐 정리를 하느라 잠도 설치고 육체적으로도 힘들었다며 내가 차려놓은 밥상에서 두 분이 맛있게 식사를 하는 모습이 보기 좋았다. "붕어빵 준비해 놓았어요"라는 내 말에 두 사람 모두 눈을 반짝이며, 붕어빵을 정말 좋아한단다. 붕어빵 후식까지 잘 먹고 떠나는 이들 부부에게 나는 부디 아프지 말고 지금처럼 늘 건강해서 여행 많이 다니라는 격려를 잊지 않았다.

사람은 살면서 여러 가지 우여곡절에 부딪히며 살아간다. 때로는 죽을 고비도 만나고, 슬프고, 고되고, 기타 애타는 일들로 70, 80년 동안 살지만 마지막 마무리를 다 잘하고 부담 없이 하고 싶은 것 하고 가는 사람이 최고다. 영어 속담에 이런 말이 있다. 마지막에 웃는 자가 최후의 승자다.

"Don't be so happy now. He who laughs last laughs longest."
(지금 그렇게 행복해하지 마라. 마지막에 웃는 자가 최후의 승자다.)
"In this life, he laughs longest who laugh last."
(이 인생에서는 마지막에 웃는 자가 가장 오래 웃는 자다.)

이 부부의 가는 길에 늘 평화가 깃들기를 기도드리며 자리에 든다.

그녀는 언제나 웃는다

"언니, 1시잖아요."
"어머나 그래? 나는 어제부터 12시로 머리에 입력해 놓았네."
Tango Hair Salon에서 머리하는 날이었다. 수영장에서 나와 곧장 시내로 달려갔다. 미용실에서 제일 가까운 주차장 건물에 주차를 하겠지만 거기에서 미장원까지 걸어가기가 꽤 멀다. '그러나 어쩌랴' 하면서 가던 중 길가에 1시간 무료 주차장이 눈에 들어왔다. 그것도 마지막 딱 한 자리다. '얼씨구' 하면서 길에 주차하고서 세 블록 정도 걸어갈 작정이었다. 내 건강에 세 블록 걷는 것이 그리 쉽지는 않았지만, 열심히 걸어갔다. 이렇게 힘들게 갔는데 시간을 잘못 알고 왔으니 내 차례가 되려면 한 시간은 기다려야 했다. 그러려면 차를 다른 곳으로 옮겨야 주차해야 했다. 어쩔 수 없이 오늘 예약을 취소하고 돌아서는데 헤어드레서 희선 씨가 내게 이렇게 말한다.
"언니, 퇴근길에 언니 집으로 가서 해 드릴게요. 가 계세요."
"정말 그럴 수 있겠어? 그렇다면 나야 정말 고맙지."
다행히 희선 씨 집과 우리 집이 그리 멀지 않다. 저녁 7시쯤 우리 집에 도착한다는 문자를 받고 김밥을 세 줄 말아 놓고 디저트로 붕어빵 반죽을 준비했다. 머리 전문가의 출장 미용 서비스까지 받는데 이 정도쯤이야…. 머리 손질이 끝나고 희선 씨와 함께 저녁을 먹고 따끈따끈한 붕어빵으로 마무리한 후, 나머지 붕어빵은 가족들 간식으로 보내주었다. 희선 씨의 우리 집 머리 출장이 처음은 아니다. 내가 아파서 꼼짝 못 할 때도 여러 번 출장 와서 내 머리를 곱게 잘라주었는데 그때마다 여간 고맙지 않았다.

내가 빅토리아로 이사 온 13년 전부터 희선 씨와 인연을 맺었는데 그녀는 매사에 긍정적으로 생각하며 한 번도 남을 나쁘게 얘기하는 것을 들어보지 못했다. 이런 희선 씨가 내 이웃에 살고 있다는 것이 얼마나 행운인지 모른다. 언제나 환한 미소로 손님을 맞아주는 희선 씨에게 고마움을 전하고 싶다.

관계 유지

미국에 사는 언니가 내게 자주 하는 말이 있다. 인간관계에서 기분 나쁜 일이 생겨도 웬만하면 봐주고 관계를 이어 나가라는 것이다. 나이 들어 보니 친구가 죽거나 이사를 가고 주위에 아는 사람이 점점 줄어든다는 것이다. 그러니 가까이 있는 사람 중에 간혹 기분 나쁘게 대해서 절교하고 싶은 일이 생기더라도 조금 이해해 주고 곁에 붙여 놓는 것이 잘하는 것이라고 일러준다.

언니가 후회하는 것 중의 하나가 교회에서 알던, 친하게 지내던 사람이 돈을 너무 안 쓰고 짠돌이라고 멀리했는데, 지금 생각해 보니 자기가 돈 좀 더 쓰고 붙여 놓을 걸 후회된단다. 사실 짠돌이들은 인기가 없다. 그러나 그중에 돈은 짜지만, 재미있는 사람이 더러 있다. 그러니까 내가 여유가 좀 있으면 유머러스한 짠돌이는 그냥 관계 유지용으로 붙여 놓으면 좋겠다는 생각이 들기도 한다. 아무튼 짠돌이가 곁에 있으면 만날 때마다 기분이 나쁘다.

나도 짠돌이 몇 명 싹뚝 잘라낸 역사가 있다. 내가 정의하는 짠돌이는, 나보다 훨씬 잘사는데 돈을 안 쓰는 사람을 말한다. 한 짠돌이(그러나 짭짤한 부자)는 우리 집에 올 때 평소 시들어가는 꽃을 말려서 선물이라고 가져왔다. 내게서 얻어 가는 것은 엄청 많았는데 이 사람은 늘 이렇게 보답해 왔다. 나는 마른 꽃이나 플라스틱 꽃들을 절대로 집 안에 꽂아두지 않는 사람이다. 미국에서의 일이라 이 짠돌이를 다시 만날 일이 없다.

다음 짠돌이는 아주아주 부자다. 우리 집에 와서 늘 밥 맛있게 먹고 가고 밖에서 만나서 둘이 식사할 때는 더치페이하잔다. 자신에게는 후하고 남에게는 장아찌. 후후훗, 나를 바보로 생각하는가베. 이 부자 짠돌이는 빅토리아에 산다. 그러나 다시 만날 일은 없다.

짠돌이 외에도 관계를 이어 나가기 어려운 사람들은 많다. 특히 말 옮기는 사람이나 남 험담하는 사람들하고는 관계를 이어 나갈 수 없다. 이런 사람들은 일시적이 아니고 습관적이기 때문이다.

좋은 관계를 오래 유지하는 것은 이래서 어렵다.

96세 할아버지의 눈물

나는 그저께 미국의 어린이보호구역 교통 법규 위반으로 96세 할아버지가 법정에 서게 된 것을 보게 됐다. 정말 할아버지는 나이를 가늠할 만큼 얼굴이 완전 주름투성이다. 나는 이 법정 판결을 가끔 보는데 볼 때마다 감동한다.

판사: 무슨 일로 여기 왔는지 아시나요?

할아버지: 네, 학교 주변 어린이보호구역을 지나다가 스피드 티켓을 받았어요.

판사: 여기 나오신 걸 보니 그럼 그것을 인정하겠다는 건가요?

할아버지: 물론이지요. 하지만 내 나이가 올해 96세인데 무슨 힘이 있어서 마구 달리겠어요. 내 평생 운전 기록을 보시면 알겠지만 나는 늘 교통법규를 준수하고 살아왔어요.

판사: 음… 그래도 여기에 나온 기록을 보면 벌금을 내야 할 것 같은데요.

할아버지: (잠시 망설인다. 이어 두 눈에 눈물이 가득 고이면서) 내가 그날 우리 아들 병원에 데리고 가는 중이었어요.

판사: 네에? 당신이 아들을 병원에요? 대체 아들은 몇 살인데요?

할아버지: 아, 내 아들이 나이는 좀 많지만 지적 장애가 있어서 내가 늘 돌봐줘야 해요. 아직도 내가 아들의 모든 것을 도와주고 운전도 해 줘야 해요.

이어 할아버지의 눈가는 더욱 붉어진다. 보는 내 눈에도 눈물이 고인다. '어쩌나…'

판사: (침묵을 지키다가) 그렇군요. 당신은 훌륭한 아버집니다. 아들 잘 보살펴 주세요. 벌금 없습니다.

땅! 땅! 땅! 판사의 눈에도 눈물이 고이는 듯하다. 물론 판사는 마음 약해서도 안 되고 그런 표정을 지어서도 안 된다. 그런데 가끔 보는 이 멋진 판사 Frank Caprio는 늘 가난하고 힘없는 사람들 편에서 사정을 다 듣고 벌금을 없애준다. 얼마나 인간적인가! 이런 판사들이 많은 세상이 곧 하나님이 원하는 세상일 것이다.

감동의 날

여름의 끝자락이다. 햇살이 곱고 이처럼 부드러울 때가 얼마나 더 있을까 싶어서 낮에 북쪽으로 차를 몰았다. 그쪽으로 안 간 지 여러 해 지났다. 나의 종착지는 바닷가에서 조개와 굴을 양식해서 파는 곳이다. 이곳은 우리 집에서 차로 약 2시간 반 걸리는 가깝지 않은 곳이지만, 가는 길 오는 길이 복잡하지 않고 시골스러워 마음이 편안해진다.

보통날은 손자가 있는데 오늘은 Rose 할머니와 할아버지가 손님을 맞이한다. 젊은이들이 휴가를 떠났단다. 할머니는 대략 보아서 팔순은 된 듯하지만, 평생에 해 온 일이라서 그런지 조개를 달아 파는 모습은 매우 익숙하다. 물론 힘이 있는 것은 아니지만 할머니의 손놀림이 '나 그동안 이것 많이 해왔어'라고 말한다.

내가 조개와 굴을 여러 봉지 사서 계산을 하고 카드로 결제하려고 하니 할머니가 "오, 오, 여기는 현금 거랜데…" 하며 난감해한다. '아, 그렇지. 맞아!' 나는 할머니의 '카드 결제 안 함' 얘기에 깜짝 놀라다가 몇 해 오지 않아서 그 사실을 잊어 버렸다는 걸 깨달았다. 요즈음 현금을 거의 가지고 다니지 않는 나는 먼 거리까지 왔는데 굴과 조개를 살 수 없음에 매우 실망해 있었다. 내가 두 시간 넘게 운전해 굴을 사러 온 것을 안 할머니는 웃으며 그냥 가지고 가고 집에 가서 온라인 송금을 해 달란다.

"Are you sure? How do you trust me?"

"I just want to believe you."

할머니의 신뢰와 밝은 목소리에 감격해서 사진 한 장 찍자고 하니 흔쾌히 나와 함께 카메라 앞에 포즈를 취해 주었다.

거의 이백여 불에 가까운 금액을 받지 않고 그냥 보낼 수 있는 이 할머니의 마음. 나는 과연 이 할머니처럼 돈을 안 받고 물건을 그냥 내보내 줄 수 있었을까? 아, 세상은 아직도 이처럼 아름답고 충분히 살 만하다! 가게를 나오기 전에 내 이름과 전화번호도 다 적어주기는 했지만 집에 돌아오는 즉시 돈을 보내고 Rose 할머니에게 전화로 돈 보냈음을 녹음으로 남겼다. 사진을 뽑아 다시 Rose 할머니의 모습을 보니 곧 쓰러질 것 같은 모습이다.

Rose 님, 우리 함께 아름다운 세상 많이 만들고 가요. 사랑해요.

이름도 아름다운 Rose! 할머니가 내게 들려준 얘기는 또 하나가 있다. 몇 해 전에 미국 뉴욕에서 청년이 굴을 사러 왔다가 역시 현금이 없어서 그냥 보냈는데 일 년 후 그 돈을 갚으러 다시 왔단다. 빅토리아에서도 더 들어가야 하는 바닷가 시골과 뉴욕과의 거리가 얼마나 먼가. 할머니는 물론 돈은 받은 걸로 치고 다시 돌려주었다는데 그 청년이 먼 길을 와 준 것으로 빚은 탕감받은 것이란다.

허허허, 이 할머니는 누구야? 사람 맞아? 예수님 여동생인가? Rose 할머니를 만난 '감동과 감격의 날'이었다.

돈 모으기, 돈 쓰기

낮에 한국에 살고 있는 언니한테서 전화가 왔다. 내 글을 오래전부터 읽어왔던 분들은 언니가 작년 5월에 한국으로 영구 역이민했음을 알고 있다. 삼십 대에 미국으로 건너가 간호사로 평생을 일해 왔던 언니가 이제는 삶의 종착역을 본인이 태어난 곳 한국으로 정하고 그곳으로 돌아갔다. 나는 언니와 가끔 카톡 전화로 소식을 주고받는다. 언니가 들려주는 한국에서의 삶 얘기는 매우 긍정적이다. 언니는 교회 가까이 아파트에 세 들어 살고 있는데 언니가 다니고 있는 교회는 교세가 천 명이 넘는 큰 교회라고 한다. 요즈음 언니는 교회와 그 동네 할매들로부터 인기가 많다고 하는데 사연은 이러하다.

언니가 교회 성가대 지휘자에게 성가대원들을 위한 간식비를 가끔 주고 있다는데 처음에 성가대 지휘자가 깜짝 놀라더란다. 그 이유는 할머니가 이렇게 성가대원을 위해 돈을 내놓는 것을 본 적이 없다는 것이다. 나를 포함해서 언니 또래의 할머니들은 거의 모두가 전쟁 시대에 태어났기 때문에 알뜰살뜰 안 쓰고 안 먹던 시절을 지내왔다. 그러니 현재 돈을 가지고 있거나 자식들이 엄청 잘되어서 돈 걱정 없는 할머니들이라 할지라도 내 지갑을 선뜻 풀지 않는다는 것이다.

언니는 낮에 주로 또래의 할매들과 함께 동네 정자에 모여서 집에서 가져온 간식도 나눠 먹고 얘기도 하면서 하루를 보낸다고 한다. 언니는 요즈음 동네에 새로 오픈한 아주 멋진 카페에 매주 이 할매들을 데리고 가서 쌍화탕 한 잔씩 사준다고 한다. 사실 쌍화탕 값이 8천 원인데 일반 점심값 한 그릇과 비슷하기 때문에 할매들은 카페에 들어갈 엄두를 못 낸단다. 언니는 이 할매들을 대접하면서 이런 생각을 한단다. '내가 팔십을 넘겼는데 살면 얼마나 더 산다고 돈을 아끼랴.' 언니한테서 쌍화탕 한 잔씩을 얻어 마신 동네 할매들은 모두 기분이 좋아져서 자식들이 전화하면 자랑스럽게 이렇게 말한단다. "응, 나 여기 카페에서 쌍화탕 먹고 있어."

그리고 이 할매들이 언니를 이렇게 부른단다. '부자 할매.'

사실 언니는 부자가 아니다. 단지 연금이 남들보다 조금 더 많이 나올 뿐이다. 그런데 그 연금으로 한국 생활 충분히 하고 조금 남기에 그 남는 돈으로 이웃과 더불어 행복하게 지내고 있으니 얼마나 즐거울까.

여기 잉글랜드의 한 요양원에서 마가렛 할머니가 청년들에게 전하는 멋진 인생 조언이 화제가 되고 있다.

"늙은이들이여, 죽기 전에 당신이 가진 돈을 다 써라!"

"젊은이여, 젊을 때 즐겨라!"

"돈과 인심은 먼저 쓰는 게 존경과 환영을 받는다."

배꼽 피어싱

이것을 영어로 말하면 'Belly Button piercing'인데 배꼽 바로 위에 구멍을 뚫어서 보석을 다는 것을 말한다.

낮에 수영장에서 운동을 마치고 온탕에 들어가서 오랜만에 만난 친한 할매 샌디와 얘기를 나누고 있는데 우리 건너편 앞에 앉아 있던 젊은 여자가 일어서더니 우리 쪽으로 걸어온다. 그녀가 움직이는데 배꼽에 다이아 두 개가 반짝거린다. 물어보니 가짜란다. 물론 배꼽에 이런 것을 달고 다니는 여자를 처음 본 것은 아니지만 어떻게 배꼽에 구멍을 내고 저렇게 보석을 끼워 넣었는지 궁금하지 않을 수 없었다.

샌디가 이 젊은 여자에게 배꼽에 구멍 뚫을 때 얼마나 아팠냐고 물으니 사실 뚫을 때는 귀 뚫는 것보다 더 쉬웠단다. 작은 기구로 휘리릭 하는 동안 준비해 두었던 보석이 쑥 들어간단다. 위의 것에는 작은 쇠줄이 붙어 있어서 그 밑에 보석을 달리게 할 수 있다는 설명을 듣고서 보석이 배꼽에 붙어 있을 수 있는 원리를 이해했다. 배꼽 부위의 상처가 아물 때까지 꼼꼼히 소독하며 기다린 시간이 두 달이나 되었다고 한다. 위에 있는 것은 고정이고 밑에 조금 큰 보석은 다른 것으로 갈아 낄 수 있게 스크루 형식으로 되어 있었다. 우리 둘은 신기해서 "와, 어머나, 그래?" 등등 놀라며 그녀의 배꼽을 쳐다보았다.

그 젊은 여자가 떠나고, 내가 샌디에게 물었다.

"샌디야, 그런데 말야, 저 여자가 남친이나 남편이랑 그 일을 한다면 배꼽에 장식된 보석 때문에 불편하고 아프지 않을까?"

"오, 엘리샤!"

샌디는 잠시 호흡을 멈추더니 말을 이어갔다.

"으흐흐흐, 그 일을 할 때는 다른 데는 정신을 쓸 수가 없잖아. 그래서 그 배꼽이 아프든 말든 상관 없을 것이고 어쩌면 나중에 배꼽의 얼얼한 느낌 정도는 받겠지. 난 당해보지 않아서 잘 모르지만 상상이야. 헤헤헤."

나와 샌디는 이런 요상한 얘기를 하면서 둘이서 한참 낄낄 깔깔 웃다 헤어졌다. 세상은 참으로 요지경이다. 할 일이 아무리 없다고 해도 배꼽을 뚫어 보석을 박다니…. 쯧쯧 소리가 절로 나온다. 이 젊은 여자의 얘기로는 배꼽은 그리 손상이 없지만 입술에 박은 고리는 그 주변의 이를 망가뜨리고 입술과 잇몸에도 악영향을 끼쳐서 곤욕을 치른단다. 고리를 빼면 입술에 구멍이 나 있어서 보기 싫으니, 그것도 못 할 짓이고. 혼돈 속에 살아가는 젊은이들이 불쌍하다.

낀 세대의 고민

오후 2시에 이민 생활 상담을 받으러 온다는 이를 위해 집 청소하고 간식을 준비하느라 오전 내내 바빴다. 작년 12월에 잠깐 얼굴을 보긴 했지만, 만나기 전까지 그녀의 모습이 기억나지 않았다. 문이 열리고 들어온 그녀는 예상보다 훨씬 키가 크고 씩씩한 모습이었다.

"저, 식기세척기 사용하시나요?"

"그럼요."

그녀는 내게 줄 선물로 커다란 식기세척기 세제를 들고 들어왔다. 나는 편안하게 그녀와 함께 커피를 마시며 갓 구운 붕어빵과 호박 찹쌀떡을 먹으면서 많은 이야기를 들어주었다.

그녀는 한국에 계신 부모님을 모셔 오고 싶은데, 부모님과 자신의 생각이 달라서 고민하고 있다고 했다. 부모님 나이가 나보다는 훨씬 젊지만, 고정관념 때문에 딸의 제안을 받아들이기 어렵다는 것이다. 그녀는 부모님이 현재 가지고 있는 것을 손해 보더라도 정리해서 딸 곁으로 오면 좋겠다고 생각하지만, 부모님의 생각은 현실적으로 쉽지 않은 것 같았다.

부모 세대는 어려운 시기를 살아있기 때문에 돈을 쉽게 포기하지 못하는 경우가 많다. 내 주위 노인 중에 아끼다가 가진 것을 다 쓰지 못

하고 죽는 사람들을 흔히 보게 된다. 자신이 쓰지 못하는 것도 억울한데, 유언도 제대로 남기지 않고 죽어 재산 문제로 가족 간의 불화가 심심치 않게 일어난다.

손님이 돌아간 후, 요즘 이 나이대의 사람들이 자주 하는 말이 떠올랐다.

"우리는 낀 세대예요. 위로는 부모님 세대와 어려움을 겪고, 아래로는 급변하는 아이들 세대를 이해하지 못할 때가 있거든요."

그래, 맞아. 이 세대 젊은이들이 더 어렵겠구먼.

장군과 함께 춤을

책 작은 땅의 야수들 381페이지를 읽다가, "왈츠가 끝나자 두 사람은 서로에게서 몸을 떼어냈고…" 이 문장에서 갑자기 웃음이 터졌다. 왜냐고?

오십 년 전, 내가 장군과 춤을 추던 장면이 떠올랐기 때문이다.

그때는 한국에 미 8군(8th Army) 4성 공군 장군, General Murphy가 주최한 파티였다. 남편과 함께 초대를 받아 용산 장교 클럽에 갔는데, 그야말로 한국에서는 보기 힘든 호화로운 파티였다. 반짝거리는 샹들리에 아래에서 당시에는 한국에서 보기 드문 근사한 음식을 즐긴 뒤, 사회자가 나와 이렇게 말했다.

"이제 모두 함께 포크댄스를 추겠습니다!"

한국 공군의 최고위 장성이었던 주영복 장군 부부를 비롯해, 여러 장성 부부들이 한자리에 있었다. 사회자는 먼저 미국인 두 명을 불러 시범을 보이게 했는데, 음악에 맞춰 돌고 또 돌고, 팔을 흔들고, 발을 맞추는 단순한 춤이었다.

그런데 시범이 끝나자 분위기가 묘하게 굳어졌다.

"자, 한국 분들 나오셔서 같이 추시죠!"

그 말에 모두 어색하게 서 있거나, 아예 벽 쪽으로 쏙 숨는 이들도 있었다.

그 순간, Murphy 장군은 무대 위에서 파트너를 찾느라 두리번두리번.

바로 그때!

"나요!"

나는 망설임도 없이 손을 번쩍 들고 용기를 내어 앞으로 걸어 나갔다.

장군은 기다렸다는 듯 환하게 웃으며 내게 손을 내밀었다. 문제는… 나는 포크댄스를 한 번도 배운 적이 없었다는 것! 그래도 뒤로 물러설 수는 없으니, 슬쩍 장군에게 속삭였다.

"사실, 서양 춤은 처음이라 발이 안 맞을지도 몰라요. 미리 용서해 주세요."

장군은 호탕하게 웃으며 대답했다.

"괜찮습니다! 당신은 한국 춤을 추고, 나는 서양 춤을 출 테니!"

그 한마디에 긴장이 싹 풀렸다. 결국 나는 장군의 발을 밟지도 않고, 실수도 하지 않은 채 무사히 한 곡을 마쳤다.

그날 이후로 공군관사에서는 이런 소문이 돌았다.

"장군과 영어로 대화도 잘하고, 춤까지 멋지게 춘 아내가 있다더라~"

아, 추억은 참 달콤하다.

그때 나는 스무 살 후반의 꽃처럼 싱싱했고, 모든 것이 눈부시게 빛나던 시절이었다.

약속을 지킨 사람, 신뢰를 얻다

자신과의 약속 그리고 타인에게 신뢰받는 일을 한 청년의 감동 이야기이다.

"자동차가 고장 났어."

대학생 월터는 이삿짐을 나르기 위해 아침 일찍 나가려다 급히 친구들에게 문자를 보냈다. 그런데 갑작스러운 자동차 고장에 수리비까지 감당할 수 없었다. 집에서 이사 현장까지는 32km. 도움을 청했지만, 친구들의 답장은 없었다. 교통편도 마땅치 않던 그는 결심했다.

"걸어서 가자." 걸어서 8시간이 걸리는 거리였다. 자정에 일어나 어두운 길을 걷기 시작한 월터는, 이 일을 포기할 수 없었다. 그가 이렇게 절박하게 일자리를 지키려 한 이유는 바로 허리케인 카트리나로 집을 잃고 어머니를 부양해야 했기 때문이다.

깜깜한 밤, 무서운 들개들이 나타나 그의 길을 더 두렵게 만들었다. 은행 주차장에서 잠시 쉬고 있을 때, 순찰 중이던 경찰이 그를 발견했다.

"이 시간에 어디 가는 겁니까?" 경찰관 마크가 물었다.

"사실 일하러 가는 중입니다." 월터는 자동차 고장과 걸어서 일터에 가는 사연을 설명했다.

"오늘이 첫 출근 날입니다." 그의 말을 들은 마크는 가슴이 먹먹했다.

"마지막 식사는 언제 했어요?" 마크는 월터에게 배고프지 않냐며 함께 가자고 했다.

월터는 돈이 없다고 사양했지만, 마크는 인근 햄버거 가게로 데리고 갔다. 그리고 다음 교대 경찰관 스콧에게 월터를 인계해 그의 목적지까지 데려다주도록 부탁했다. 스콧은 월터의 사연을 집주인 제니에게 전했고, 제니는 월터의 헌신에 감동했다. 그녀는 이삿짐센터 사장에게 감사 인사를 전한 뒤, 월터의 이야기를 SNS에 올렸다.

월터의 자동차 수리비를 위한 모금이 시작되었고, 예상했던 금액의 20배가 넘는 돈이 모였다. 이삿짐센터 사장 루크는 포드 자동차를 선물하며 "당신은 우리의 롤 모델입니다"라며 칭찬했다.

36km를 걸으며 어머니를 위해 일자리를 지키려 했던 월터는 엄청난 찬사를 받았다. 자신을 응원해 준 사람들의 격려에 눈물을 흘리며, 이 순간을 영원히 잊지 못할 것이라고 말했다.

1년 후, 월터는 이삿짐센터 일을 병행하며 학사 학위를 받았다. 그리고 모금된 기부금을 통해 어려움에 부닥친 학생들에게 장학금을 나누며 선한 영향력을 펼치고 있다.

매일 죽는 남자, 매일 매 맞는 남자, 매일 죽었다가 다시 사는 남자

죽거나, 맞거나, 죽음 비슷한 것을 맛보며 사는 세 남자의 얘기를 해 볼까 한다.

1) 매일 죽는 남자

아주 오래전에 읽은 단편소설 중에 〈매일 죽는 남자〉가 있다. 작자는 기억이 가물가물하지만, 내용만큼은 또렷하다. 주인공은 매일 아침 노동 시장에 나가 영화의 단역, 그것도 죽는 장면 대역을 맡아 생계를 이어간다. 칼에 찔려 죽고, 총에 맞아 죽고, 폭발에 휘말려 죽고… 그는 늘 죽는다. 그러다 어느 날, 연기 중 실제로 목숨을 잃을 뻔하면서 진짜 죽음의 그림자를 느낀다. 이름 그대로, 그는 매일 죽는 남자였다.

2) 매일 매 맞는 남자

이 얘기는 실제로 내가 미국 L.A.에 살 때 알던 한국인 남자분의 이야기다. 그는 정말 잘생겼는데, 하루는 우연히 할리우드를 지나가다가 감독 눈에 띄었다. 그렇게 영화에 출연하게 되었는데, 맡은 역할은 늘 '맞는 대역', 어두운 골목에서 억울하게 두들겨 맞는 동양인 역할이었다. 촬영할 때마다 불려 나가, 늘 기다리다가, 한바탕 얻어맞고는 퇴근했다.

"아, 맞으면서도 돈 번다니까 재밌어요. 이래서 10만 불도 벌었어요!" 하며 껄껄 웃던 그의 모습이 아직도 생생하다. 젊을 때는 잘생겼다는 말 한마디 못 듣고 살았는데, 할리우드 감독 눈에 띄어 대박을 터뜨릴 줄이야. 그는 그렇게 얻어맞으면서도 세상 누구보다 신이 나 있었다.

3) 매일 죽었다가 다시 사는 남자

그리고 마지막으로, 우리 집에도 '매일 죽었다가 다시 사는 남자'가 있다. 저녁밥을 차려놓고 내가 부른다.

"선생님, 죽으러 나오세요!"

"네, 죽으러 나갑니다."

그는 식탁에 앉아 내가 매일 바꿔 차려내는 음식을 한 입 먹을 때마다 감탄한다.

"아이구, 맛있어 죽겠다!"

그리하여 하숙샘은 저녁마다 한 차례 꼴딱 죽음을 맛보고, 다음 날 아침이면 다시 살아난다. 우리 집에 하숙하면, 매일 죽고 매일 살아난다.

등 밀어 드릴까요?

수영장에서 신나게 운동을 마치고 탈의실에서 샤워를 하고 있는데, 곁에 있던 할매가 눈길을 끌었다.

둥글둥글한 샤워 스펀지에 비누를 듬뿍 묻혀 팔이며 다리며, 어깨며 앞가슴까지 열심히 문지르고 계셨다. 그런데 그다음 순간, 할매가 두리번거리며 등 쪽을 어찌할 바를 몰라 하는 게 아닌가.

나는 슬쩍 다가가 웃으며 말을 건넸다.

"Excuse me, 제가 등에 비누칠 좀 도와드릴까요?"

할매 얼굴에 금세 환한 웃음꽃이 피었다. 그리고 내 손에 샤워 스펀지를 쥐여주며 말했다.

"어머나, 그렇지 않아도 늘 등은 혼자 못 닦아서 답답했어요. 해주시면 너무 고맙죠!"

그래서 나는 스펀지를 들고 슥슥, 쏙쏙 등 전체를 시원하게 문질러 드렸다. 그러면서 말문을 열었다.

"제가 어릴 적에는 목욕탕에 가면 모르는 사람끼리도 서로 등을 밀어주곤 했어요. 그때 생각이 나네요."

그러자 할매는 갑자기 신이 나서 이야기를 이어갔다.

"내가 예전에 미국에 한번 놀러 간 적이 있는데, 한국 친구가 스파에 데려가더라고요. 거기서 아주머니가 내 몸을 마사지하며 때를 미는데, 글쎄 구슬 같은 때가 막 나오는 거 있지! 나는 그걸 보고 얼마나 놀랐는지 몰라요. 내 살에서 그렇게 많은 때가 나오는 걸 그때 처음 알았다니까!"

할매는 깔깔 웃으며 추억을 떠올렸고, 나 역시 등을 문질러 주면서 예전의 기억이 스쳤다. 어린 시절 목욕탕에서 모르는 사람과도 서로 등을 밀어주던, 인정 많던 그 시절 말이다.

집으로 돌아오는 길, 문득 이런 생각이 들었다.

'잠깐의 등 밀기에도 따스한 정이 오가고 기쁨이 전해지는데, 우리가 서로에게 조금 더 힘을 보태며 살아간다면 세상은 얼마나 더 따뜻해질까?'

그날, 할매에게 등을 밀어주며 나눈 대화가 오래도록 잔잔한 여운으로 남았다.

누군가에게 따뜻한 사람

　점심시간에 손님이 오기로 되어 있었다.
　한 사람의 식사라도 준비하는 데는 여러 손님을 맞이할 때만큼이나 시간이 걸린다. 냉장고 문을 열었다 닫았다 하며 부엌에서 분주하게 움직였다. 미리 재워 둔 불고기는 손님이 도착할 시간에 맞춰 구워내려고 프라이팬 옆에 준비해 두었고, 여전히 잎을 피워내는 상추와 깻잎은 마당에서 갓 따 와서 씻어 놓았다. 아욱에 감자를 넣고 국을 끓이기 시작했으며, 밭에서 풍성하게 자라난 파도 듬뿍 잘라 와 나물무침을 했다.
　쌈장은 우리 집 밥상에 빠지지 않는 메뉴다. 삶은 병아리콩을 된장과 1:1로 섞고, 발사믹 식초, 깨, 마늘, 파, 메이플 시럽을 넣어 버무리면 묘하게도 감칠맛이 나는 특별한 쌈장이 완성된다.
　시간이 되어 손님이 미소를 지으며 들어섰다. 우리 집을 처음 방문한 이 손님은 정성껏 담근 동치미 한 통과 청포도를 선물로 가져왔다. 우리는 함께 식사를 하며 도란도란 이야기를 나누었고, 차를 마시면서는 서로의 삶을 들려주었다. 아파 본 사람은 아픈 이의 마음을 이해하고, 마음의 고통을 겪어 본 사람은 그 아픔을 알아주는 법이다. 이분은 처음부터 왠지 마음이 통한 것 같았다. 인생살이는 누구도 예외 없이 다 그냥 지나가지는 않는다.

손님이 떠난 뒤, 저녁에 나는 메일을 보냈다.

"우리 집 문은 언제나 열려 있으니, 언제든지 편히 들어오세요."

그러자 곧 이런 답장이 도착했다.

"저도 엘리샤 님 덕분에 허전했던 마음이 따뜻해지고 채워지는 하루였어요^^ 직접 기르신 텃밭 채소와 정갈하고 맛있는 점심도 너무 맛있었어요ㅎㅎ 감사드려요^^ 하루하루를 멋지게 살아가시는 엘리샤 님 모습이 참 인상 깊었답니다^^"

우리는 누구나 자신의 이야기를 들어줄 사람이 필요하다.

사랑으로 사람을 대할 때, 작은 기적이 일어난다.

먼저 다가가고, 먼저 응원해 주는 사람이 되자.

이야기를 나눕시다

나는 주기적으로 아는 분들에게 카톡으로 간단한 인사를 전한다. 이렇게라도 인연을 이어가며 소통하려는 것이다. 저녁에 몇 분께 안부를 전했더니, 오랜만에 그동안의 소식을 들을 수 있었고 함께 기쁜 마음을 나눌 수 있었다. 여덟 분과 나눈 이야기를 소개해 본다.

미국 샌프란시스코 근교에 사는 젊은 화가는 나와 여러 차례 유럽 전시회를 함께 다녔고, 내가 주최한 '아일랜드 나이트' 때 우리 집을 두 번이나 방문한 적이 있다. 그녀는 아들에게 "내가 죽더라도 이 수첩에 모든 게 다 들어 있다"라며 수첩 첫 장에 '빅토리아 엘리샤 선생님 댁 가는 길'을 적어두었다고 한다. 우리 집 정원과 분위기가 그립다고 하면서, 요즘은 10여 년째 공부해 온 '역리'를 그림으로 풀어내는 작업을 하고 있다고 한다. 내 역리도 찾아 그림으로 표현해 주겠다고 웃으며 말했다. 그러고는 이렇게 덧붙였다.

"선생님은 앞으로 40년은 더 사실 거예요. 그러니까 건강관리 잘하세요."

내가 115살까지 산다고? 에구구~ 몰라 몰라. 너희 다 죽고 나 혼자 남으면 심심해서 못 살지.

미국에서 부동산 중개인으로 일할 때 함께했던 마가렛은, 처음부터 나를 '오마니'라고 부르며 애교를 부리던 젊은이다. 씩씩하고 유쾌한 그녀는 언제나 전화 목소리만 들어도 기분이 좋아진다. 그런데 올해 7월, 시어머니가 세상을 떠나 홀로 남은 시아버지가 안쓰럽다며 이야기를 전해왔다. 그러면서 "여자는 역시 오래 살아야 해요!"라며 웃었는데… 글쎄, 그게 마음대로 될까?

호주에 손자, 손녀를 돌보러 간 권사님은 아기가 자라는 모습이 너무 예쁘다며 소식을 전해왔다.
빅토리아에 사는 젊은 여자 집사는 갑자기 할머니 상을 당해 한국에 가 있다고 했다.
한국에 사는 은퇴한 교수님은 피부병과 더위 때문에 고생이라며 푸념을 늘어놓았다.

마음씨 착한 내 아랫동서는 몇 년 전 자동차 사고를 당했는데, 이제 곧 보험금이 나온다면서 "늘 도와줘서 고맙다"라며 나에게 용돈을 주겠다고 했다. 야, 신난다~

미시간에 사는 친정 조카는 법정 통역관으로 일하면서, 한국 계열의 미국 회사에서도 근무 중이다. 그녀는 통역할 때 알맞은 어휘를 빠르게 찾기 위해, 컴퓨터 앞에 약 700개의 단어를 나열해 두고 일한다고 한다. 참 부지런하고 꼼꼼한 조카다.

채우며

살아가는 인생

동행 있습니까?

이 시대의 지성으로 불린 이어령 전 문화부 장관이 생전에 어느 기자와 나눈 인터뷰 내용이다.

"당신은 성공한 삶을 살았다고 생각하십니까?"

"남들은 나를 성공한 사람이라고 말하겠지요. 하지만, 아니요, 나는 실패자입니다."

서울 문리대 출신으로 이화여대 교수와 문화부 장관까지 역임한 이어령 전 장관은, 세상의 눈으로 보면 성공한 인물로 여겨지지만, 그는 스스로를 실패한 사람이라고 말했다.

"내가 내 삶을 위해 혼자서 내 그림자만 보며 달려왔기 때문에, 동행자가 없었다는 겁니다."

문필가이자 문학평론가로서 큰 인기를 얻으며 살아온 그에게서 나온 이 답변은 기자에게 의외로 다가왔다. 1960년대에 쓴 《흙 속에 저 바람 속에》, 《장군의 수염》부터, 영적 구도를 다룬 《지성에서 영성으로》까지 그의 책들은 늘 독자들의 관심을 받아왔기 때문이다.

인터뷰의 마지막에서 이어령 교수는 이렇게 말했다.

"예수님은 나사렛이라는 작은 시골에서 태어나셨지만, 늘 동행자들이 많았지요. 잘난 사람, 못난 사람 할 것 없이요. 그런데 나는 늘 혼자서 숨차게 달려왔어요. 더러는 동행자가 있긴 했지만, 돌아보면 그들은 동행자가 아닌 경쟁자였어요. 나를 헐뜯고, 나를 잘 알던 사람일수록, 그리고 내가 도와준 사람일수록 배신하고 험담을 했어요. 그런 점에서 나는 좋은 동행친구를 가지지 못했습니다."

당신에게 평생 함께할 동행자가 있나요?

그렇다면 당신은 행복하고, 성공한 사람입니다!

시간을 채우는 지혜

하루를 마치고 이 시간이 되면, 나는 오늘 무엇을 했는지 스스로에게 묻는다. 그런데 요즘처럼 미미한 하루를 보내고 밤에 생각해 보면, 정작 아무것도 한 일이 없다는 생각이 든다. 때로는 나 자신이 딱하게 느껴지기도 한다. 직장에 다닐 때는 시간을 쪼개어 바쁘게 살았는데, 이제는 시간이 넘쳐나지만, 그 시간을 잘 활용하지 못하고 밤을 맞이할 때면 시간에 미안한 마음이 든다.

나처럼 나이가 든 사람들은 자주 이런 생각에 잠기곤 할 것이다. '아, 내가 왜 젊었을 때 이런 생각을 못 했을까?' 지나간 세월 속에 아쉽고 후회되는 것들이 많다. 하지만 지나간 시간은 되돌릴 수 없다. 그렇다고 가만히 있을 수는 없지 않은가? 아직도 할 수 있는 일들이 있다. 세상을 떠나는 그날까지 할 수 있는 것들을 찾아 천천히, 신중하게 걸어가야 한다.

목표인 '아일랜드 이야기 1만 회'를 채우기 위해 나는 매일 컴퓨터 앞에 앉는다. 오늘은 젊은이들에게 전해주고 싶은, 세계적으로 유명한 사람들이 남긴 말들을 옮겨 본다.

인생은 흘러가는 것이 아니라 채워지는 것이다. 우리는 하루

하루를 보내는 것이 아니라, 내가 가진 무엇으로 그 시간을 채워가는 것이다. (존 러스킨)

성공한 사람보다는 가치 있는 사람이 되어라. (알버트 아인슈타인)

성공은 자주 웃고 많이 사랑하는 것, 그리고 나의 존재로 인해 단 한 사람이라도 삶이 더 나아졌다고 느끼게 하는 것이다. (랠프 왈도 에머슨)

내가 가진 모든 것은 시간이다. 그래서 나는 그것을 낭비하지 않으려고 한다. (스티브 잡스)

삶은 네가 얼마나 많은 것을 소유했느냐가 아니라, 네 인생이 얼마나 풍부했느냐에 달려 있다. (오프라 윈프리)

이렇게 유명한 사람들의 지혜를 곱씹으며, 나 역시 매일 조금씩 내 삶을 채워가고 있다.

삶과 죽음의 경계에서 배운 용기와 사랑

어제 한국에서 친구가 보내온 두 권의 책 중, 다비드 메나세의 이야기가 담긴 책《삶의 끝에서》를 읽었다. 이 책은 271쪽으로 길지 않았지만, 그의 자서전적 이야기는 종일 나를 책에서 손을 뗄 수 없게 만들었다.

다비드 메나세(1973년 8월~2014년 11월)는 헌책방을 운영하는 부모님 덕분에 문학에 대한 깊은 애정을 가지고 성장했다. 그는 미국 마이애미 코럴리프 특성화 고등학교에서 영어 교사로 재직 중이던 2006년에 뇌종양 판정을 받았고, 이후 왼쪽 신체가 마비되고 시력 장애가 올 때까지도 가르치는 일을 멈추지 않았다.

죽음이 언제 다가올지 모르는 상황에서, 그는 모든 의학적 치료를 중단하고 국토 횡단 여행을 결심한다. 지팡이에 의지해 홀로 떠나야 했던 여행. 자신의 페이스북에 남은 시간이 얼마 없음을 알리고 도움을 요청하자, 그가 15년간 가르쳤던 3천여 명의 제자들이 그를 집으로 초대했다.

이 책은 그가 'Vision Quest'라 부른 국토 횡단 여행을 중심으로, 학생들을 가르치면서 느꼈던 생각들, 일화들, 투병 중 겪은 고통, 그리고 사람들과의 관계 변화를 솔직하게 담고 있다. 중간중간 학생들이

회고하는 부분은 특히 감동적이었다. 그의 여행은 2012년부터 2013년까지 101일 동안 31개의 도시를 방문하며 75명의 제자와의 만남으로 채워졌다. 시력이 30%밖에 남지 않았고, 한쪽 몸은 불구였지만, 그는 기차와 버스를 타고 국토를 횡단했다. 그가 넘어지고 자빠지는 순간마다 내 마음도 함께 아팠다.

마흔도 채 되지 않아 뇌종양으로 받은 상처들이 곳곳에 묘사되어 있어, 읽는 내내 마음이 아팠다. 특히 그가 회복 불가능함을 알게 된 아내 폴라가 여행 도중 전화로 이별을 통보하는 장면에서는 눈물을 참을 수 없었다. 그는 겨우 1년 8개월을 더 살고 세상을 떠났다. 그 시간조차 기다려주지 못한 아내가 너무나 야속하게 느껴졌다. 그렇게 사랑으로 결혼했지만, 아내의 사랑은 그 순간까지였을 뿐이었다. 그는 마지막 시간을 두 명의 제자와 함께 보냈다.

다비드는 십 대 학생들에게 삶의 방향과 고민 해결에 대해 누구보다 깊이 이해하며 가르쳤던 교사였다. 특히 성 정체성 문제로 고민하던 학생들에게 용기와 희망을 주며, 그들이 사회에 적응할 수 있도록 도운 그의 모습은 인상적이었다. 많은 문제를 안고 있던 학생들도 나중에 훌륭한 모습으로 재회했을 때, 그의 가르침이 얼마나 깊은 영향을 미쳤는지 알 수 있었다.

그는 2012년 플로리다 지역에서 '올해의 교사상'을 수상하기도 했다. 그가 좋아했던 말은 《앵무새 죽이기》에 나오는 문구였다.

"애초에 질 걸 알면서도 시작하는 것, 그리고 어떻게든 끝까지 해보는 것, 그것이 진짜 용기다."

다비드는 비록 세상을 일찍 떠났지만, 그가 남긴 수많은 제자의 사랑을 받으며 삶을 마무리했다. 죽음을 앞둔 그에게 3천여 명의 제자가 보내온 웰컴 메시지는 내게도 큰 교훈을 주었다. 남은 시간, 나도 더 잘 살아야겠다고 다짐하게 된다.

10 out of 10

코로나 시기였다. 예약된 시간에 치과에 갔는데 출입문이 잠겨 있었다. 옆문으로 들어가 열을 재고 내 순서를 기다리는데 마침 Dr. Pite이 반갑게 나를 맞아주었다. 그동안 못 나눈 이야기가 많았는지 그는 평소보다 말을 많이 했다. 보통 때는 너무 바빠서 그의 얼굴을 잠깐 스쳐 지나갈 뿐이었는데 말이다. 내가 그를 처음 봤을 땐 총각이었는데, 11년이 지난 지금은 아들이 셋이나 있다고 했다.

"딸도 있었으면 좋았을 텐데요."

"그러게요, 아내한테 그 비법 좀 알려주실 수 있나요?"

"하하하, 그건 의사 선생님이 더 잘 아실 텐데요. 하하하." 나는 이렇게 호탕하게 웃으며 내 순서를 기다렸다.

"오늘 엘리샤 씨 스케일링을 맡은 직원 이름은 Pretty인데요, 정말 실력이 좋습니다. 손님들이 모두 좋아해요."

Dr. Pite는 자신 있게 dental hygienist인 Pretty를 소개했다. 곧 내 이름이 불리고, Pretty는 나를 진료실로 안내했다. 그녀와는 처음 만나는 사이였다. 내가 허리 때문에 의자에 비스듬히 누울까 봐 걱정하니까, 그녀는 조심스럽게 방석을 꺼내 이리저리 배려해 주었다.

"어머, 이름처럼 예쁘네요." 사실 마스크 때문에 눈 주위만 보였지만, 나는 그렇게 말했다.

"호호호, 감사합니다." 그녀가 대답했다. 곧이어 내가 말했다.

"Dr. Pite가 당신을 엄청 칭찬하던데요. 내가 오늘 행운을 잡은 것 같아요. 사실 나는 치과에 오면 겁이 많아서 막 떨려요."

"그러세요? 안심하세요. 편히 계세요. 기록을 보니 몇 군데는 잇몸 신경을 마취하는 젤을 발랐네요."

"맞아요. 그런데 몇 군데만 하지 말고, 다 발라줘요. 나이가 드니까 이제 신경을 건드리면 다 아프더라고요. 으흐흐" 하며 나는 엄살을 떨었다.

나는 그녀와 이렇게 수다를 떨며 스케일링을 끝내고, 엑스레이 세 군데를 찍으니 한 시간이 금방 지나갔다. 진료가 끝나고 내가 Pretty에게 말했다.

"오늘 정말 즐거웠어요. 10점 만점에 10점 줄게요!"

"와, 고맙습니다!"

그녀는 환하게 웃었다. 이윽고 Dr. Pite가 방으로 들어오길래, 이 말을 보탰다.

"You were right, she is the best."

우리 셋의 웃음소리가 방 안에 가득 찼다.

나는 이렇게 살기로 결심했다. 어디서든지 행복을 '뿜뿜' 내보내고 돌아오겠다고. 내일도 태양이 뜨는 것과 동시에 '짜잔!' 하고 일어날 것이다. 한 시간 한 시간을 소중히 여기며.

우리에게 불행할 시간이 없다

 배우 김자옥 씨는 평소에 '우리에게 불행할 시간이 어디 있어? 행복할 시간 만들기도 모자라'라고 말하곤 했단다. 그녀는 암 투병 중에도 늘 밝게 웃으며 병문안 온 사람들을 따뜻하게 맞아주었다고 한다. 그런 그녀였지만, 마지막에는 남편에게 "여보, 나 6개월만 더 살면 좋겠어"라는 말을 했다고 한다.
 내가 아는 분의 남편도 나이가 들어 돌아가셨지만, 죽기 전에 "여보, 나 1년만 더 살면 좋겠어"라고 했었다며, 아내 되는 분이 그 슬픈 기억을 떠올리며 아쉬워하는 모습을 본 적이 있다.
 시간은 정말 빠르게 흐른다. 나도 매일 무언가를 하며 보내지만, 돌아서면 또 하루가 문밖에서 기다리고 있는 듯 찾아온다. 젊었을 때는 시간이 나에게 마냥 주어지는 줄 알았다. 부부싸움을 하고 나면 이불을 뒤집어쓰고 밤새도록 혼자 울며 속을 끓였던 기억도 있다. 지금 생각해 보면 얼마나 어리석었는지 모르겠다.
 '내가 왜 울었을까? 웃기만 해도 시간이 모자란데….' 지금 같으면 그렇게 생각했을 것이다. 울거나 화내는 시간은 나에게 아무것도 가져다주지 않는다. 우리 모두에게 마지막 날은 결국 다가온다. 그것이 내일일 수도 있고, 5년이나 10년 후일 수도 있다.

우리에게 불행할 시간은 없다. 죽어가는 사람들이 간절히 바랐던 하루, 그들이 간절히 원했던 6개월, 1년을 우리는 더 살고 있다. 지금 살아 숨 쉬고 있는 우리는 모두 그 자체로 행복하다.

존엄한 죽음

조력 사망이란, 의사가 처방한 약물을 투입해 환자 스스로 생을 마감하는 제도다. 한국에서는 아직 법적으로 허용되지 않고 있지만, 스위스에서는 시행 중이며, 캐나다에서도 조력 사망이 가능하다고 들었다.

우리는 죽음에 대한 이야기를 기피하고 미루지만, 결국 누구에게나 다가오는 순간이다. 1998년, 스위스는 외국인들에게도 조력 사망을 허용했으며, 한국인 가입자는 현재 104명에 이른다고 한다. 2021년 기준으로 최소 8명의 한국인이 이 제도를 통해 세상을 떠났다고 한다.

JTBC가 취재한 프랑스인 패트릭 씨의 모습은 죽을병에 걸린 사람이라고 믿기 어려울 만큼 환했다. 그는 3년 전 시한부 선고를 받았고, 시간이 지나 결국 스위스로 가기로 결심했다. 비행기표는 당연히 편도였다.

"저는 병을 앓은 지 30개월이 되었고, 모든 치료를 거부했습니다. 화학요법을 받았지만, 오히려 더 아팠습니다." 패트릭 씨가 죽음을 선택한 날은 크리스마스 닷새 전인 12월 20일이었다. 병원 관계자 말로는 많은 환자가 크리스마스 이전에 떠나기를 간절히 바란다고 한다.

그는 마지막 밤을 가족과 함께 스위스 시내를 관광하고, 함께 식사하며 의미 있게 보냈다. 가족들은 겉으로는 웃고 있었지만, 패트릭 씨가 자리를 비울 때마다 눈물을 훔치기 바빴다. 그는 마지막으로 침대에 누워 가족들과 작별 인사를 나눴다. 그의 팔에 연결된 주사기에는 의사가 처방한 치사량의 수면제가 들어 있었다. 자기 죽음이 타살이 아님을 증명하는 영상을 찍고, 가족 한 사람 한 사람에게 인사를 전했다. 의사가 그의 이름을 물었고, 그는 편안한 얼굴로 태어난 연도와 장소, 자신의 이름을 또렷이 말했다. 그리고 이렇게 덧붙였다. "나는 여기 존엄하게 죽으러 왔습니다." 의사가 "밸브를 열면 어떻게 될까요?"라고 묻자, 그는 침착하게 대답했다. "이제 끝을 맺는 거죠. 원래 왔던 곳으로 돌아갑니다."

가족들이 한 사람씩 그에게 다가가자, 그는 "괜찮을 거야. 잘 지내. 뽀뽀해 줘. 좋아, 이제 잠을 좀 자볼게"라며 마지막 인사를 나누었다. 그가 밸브를 열자 30초 후 그는 영면에 들었다. 그의 체온이 서서히 식어가는 40여 분 동안, 가족들은 그를 쓰다듬으며 마지막 순간을 함께했다. "오빠가 원하던 일이었어요. 그는 우리를 늘 웃게 했죠." 그의 여동생이 말했다.

나는 개인적으로 이 제도를 지지한다. 2년 반 전, 사고로 인해 극심한 통증을 겪을 때 가장 강한 진통제를 4시간마다 복용해야 했고, 침대에서 일어나 화장실 가는 것조차 힘겨웠다. 그때의 공포는 지금도 가끔 나를 두렵게 만든다. 그때 나는 침대에 누워 이런 생각을 했다. '만약 낫지 않고 이 통증이 계속된다면 빨리 죽는 방법을 찾아야겠다. 그런데 어떻게 죽지?' 6개월 넘게 통증과 싸워야 했고, 정신적으로도 매우 힘든 시기였다.

패트릭 씨는 자신의 마지막을 아주 멋지고 평온하게, 그리고 가족들과 따뜻하게 작별하며 떠나갔다. 그의 마지막 모습을 통해, 죽음이 반드시 슬퍼야만 하는 것은 아니라는 사실을 깨달았다.

나락으로 떨어져 봐야 보이는 것들

인생의 나락에 떨어져야 비로소 보이는 것들이 있다. 아픔을 겪어야 타인의 고통이 눈에 들어오고, 경제적 어려움을 겪어봐야 남들의 가난함을 이해하게 된다. 사랑이 떠나간 경험을 통해야 비로소 사랑의 아픔을 알게 된다. 버림받아 본 사람만이 외로움에 시달리는 이를 위로할 수 있고, 고독 속에서 몸부림쳐 본 자만이 고독에 신음하는 이에게 위안을 줄 수 있다. 무엇보다도, 눈물 젖은 빵을 맛본 자만이 배고픔의 고통과 비참함을 알게 된다.

나는 2020년 6월, 갑작스러운 교통사고로 응급실에 실려 갔었다. "잘하면 1년, 늦어도 2년이면 회복된다"라는 의사의 말을 들었을 때, 그 2년이 얼마나 길게 느껴졌는지 모른다. 그때는 깊은 한숨이 절로 나왔었다. 2년이 지난 지금, 완전하진 않지만 이만해도 감사하다고 생각한다. 혼자 운전하고, 밥하고, 가벼운 청소도 할 수 있게 되었다. 1년 넘게 워커에 의지해 집 안에서 겨우 걸어 다니던 내가 이제는 화장실도 척척 혼자 다니고, 마당에 나가 꽃들과 소곤거릴 수 있게 되었다. 처음에는 몸을 움직이는 게 너무 힘들어 밥을 먹고 나면 곧바로 누워야 했고, 모르핀 성분이 들어 있는 진통제를 복용할 만큼 고통이 심했다.

아픔을 겪으면서 나는 많은 것을 깨달았다. 아픈 사람이 얼마나 힘들게 살아가는지를 그때야 알게 되었다. 내 생전, 아프거나 병원 수술대에 올라본 적이 없기 때문이다. 나는 항상 아침에 침대에서 '발딱' 일어나 새처럼 가벼운 기분으로 하루를 시작했기 때문에, 다른 사람도 모두 그렇게 살고 있다고 생각했다. 그러나 아프고 나서야 아픈 이들이 하루하루 지루하고 절망적이며 우울한 시간을 보내고 있다는 것을 알게 되었다.

이제 내 자동차에는 '장애인' 딱지가 붙어 있다. 덕분에 주차가 훨씬 수월해졌다. 이 딱지를 붙이기 전에는 그런 것과는 거리가 먼 일이라고 생각했었다. 놀랍게도 나도 그중 하나가 되었다. 과거에 깨닫지 못했던 것들이 선물처럼 다가온 지금, 나의 기도는 이렇다.

"부디 나 한 사람으로라도 세상을 꽃 피우게 해 주시고, 나를 아는 모든 분이 매일 눈부신 아침을 맞게 해 주세요."

Shall we dance?

낮에 틱톡을 보던 중, 남녀가 신나게 춤추는 장면을 보게 되었다. 그들의 열정적인 댄스에 나도 모르게 엉덩이를 들썩거리며 따라 하게 됐다. 가만히 잠자고 있던 내 끼가 슬며시 발동하기 시작하더니, 여기저기 흘러나오는 춤사위에 푹 빠져 한참을 마음 밭에서 끼를 발산했다.

'Shall We Dance?'는 2004년 미국 로맨틱 코미디 영화의 제목으로, 리처드 기어, 제니퍼 로페즈, 수잔 서랜든이 출연한다. 이 글을 쓰면서 그 영화를 잠시 떠올려 보니 역시 흥겹다. 춤추는 것은 얼마나 신나는 일인가! 가끔은 이렇게 마음껏 웃고 즐기는 것이 정신 건강에 좋을 듯하다. 매일 기도만 할 수는 없지 않는가!

나는 화가가 아니라면 댄서가 되었을지도 모른다. 내 춤을 누가 말릴 수 있겠는가? 체계적으로 배우지는 않았지만, 춤을 출 때는 혼신의 힘을 다해 추기 때문에 그럭저럭 볼만하다. 히히히….

밴쿠버에 살던 옛 동료들은 내가 춤 잘 추는 걸 모두 알고 있다. 지금은 여러 가지 여건 때문에 몸을 유연하게 움직이지 못하지만, 만약 예전처럼 돌아간다면 늙어도 나는 계속 춤을 추었을 것이다. 으흐흐…. 오늘 검색해서 알아낸 춤의 종류를 나열해 보자. 참, 나도 별의별 공부를 다 한다.

발레, 탱고, 룸바, 차차차, 플라멩코, 김나영 노 필터 댄스, 엉덩이 춤, Miami Vibe Dance Sport, Disco Dance, Sharm Dance, Rumba, 부잉부잉 트위스트, 라인댄스, 마이클 잭슨 댄스, 진주 지루박, 요요미 YoYomi, Super Star Dolly Dance, Panache Star Dancesport, Ballroom Dance, 엄지 댄스 지루박, 웬위 디스코, Bottom Line Dance, ETA, Little Ballroom Dance, Dance Dance, 팝핀, 크럼프, 하우스, 힙합, 얼반….

하이고야, 춤 종류가 이렇게 많을 줄이야.

인생 꼬였다고 너무 걱정 마시라

인생을 살면서 단 한 번도 순탄하게 지나가는 날이 있을까? 절대 그렇지 않다. 내 주변을 돌아보면, 잘나가다가도 복병을 만나 힘들게 사는 사람들이 종종 보인다. 물론 금수저를 물고 태어난 사람들은 예외일 수 있지만, 그 외의 대다수는 이런저런 어려움에 부딪히며 살아간다.

정말 열심히 잘 살아가는데도 돈 손해를 보고, 하던 일이 뒤틀리고, 감정이 상해 인간관계가 끊어지고 영원히 원수가 되는 경우는 왜 일어나는 걸까? 인간의 본성이 욕심으로 가득 차 있기 때문일 것이다. 관계의 문제는 나 혼자만 잘하려고 해도 해결되지 않는다. 나와 연결된 사람들과의 관계는 서로 양보하는 마음이 없으면 언젠가는 깨어지기 마련이다. 우리는 호모 사피엔스의 후손으로 질투와 욕심이 유전자에 깔려 있다고 할 수 있다.

나는 오랫동안 힘든 시간을 겪었지만, 그 안에서도 잘 안되는 것들이 나에게 새로운 길을 열어주었다. 그때는 죽을 것 같았고 우울증까지 겹쳤지만, 지나고 보니 길은 한 방향만 있는 것이 아니었다. 뒤에도, 옆에도, 위에도 다 열려 있다. 다만 내가 포기하지 않으면 기회는 다시 찾아온다.

어제 누군가가 내게 말했다.

"돈이 많은 사람 같지는 않은데, 부자처럼 사네요."

내가 대답했다.

"뭐요? 내가 부자인지 아닌지 어찌 아나요? 하하하!"

물론 그분의 말이 맞다. 나는 절대로 부자가 아니다. 단지 궁색하게 살지 않으려고 노력할 뿐이다. 이번 달에 조금 남는 것이 있다면, 아끼지 않고 다 쓰는 편이다. 그래서 남들이 보기에는 부자처럼 보일 수 있다.

아이들을 기르는 사람들은 그렇게 할 수 없다. 돈 들어가는 곳이 한두 군데가 아니다. 하지만 은퇴 후의 삶은 달라져야 한다. 이제는 돈 한두 푼 모아둔다고 해서 내가 부자가 되는 것이 아니다. 그렇게 모아둔 돈, 언제 다 쓰고 죽을까? 그러니 매일매일 여유 있는 만큼 쓰면서 살다가, 부름을 받을 때 두 손 들고 가볍게 가면 된다. 자식들은 각자 알아서 살아간다. 늙은 엄마의 행복이 곧 자식들의 행복이다.

모아둔 것이 없으니 눈 감을 때 아쉬운 것도 없고, 그동안 잘 살아왔으니 기쁘게 갈 수 있다.

지금 뭔가가 꼬였나요? 너무 상심하지 마세요. 곧 좋은 소식이 들려올 거예요. 다만 그것을 꼭 믿어야만 해요.

왜 우울하십니까?

《아일랜드 이야기》를 쓰려고 컴퓨터 앞에 앉았는데, 늦은 밤에 전화 한 통이 걸려 왔다.

"아우님, 잘 지내요?"

"네, 형님! 무슨 일이세요?"

"음… 요즘 우울하고 매사 움츠러들어서 아무도 만나고 싶지 않거든요. 교회도 세 번이나 빠졌어요. 아우는 어떤지?"

"아, 저는 맨날 룰루랄라죠. 헤헤헤."

"아니, 어떻게 그렇게 신나게 살아요?"

"오늘이 내 생애 마지막 날이라고 생각하면 모든 것이 귀하고 시간이 아까워서 우울할 틈이 없어요. 헤헤헤."

이렇게 시작된 우리들의 대화는 약 50분 동안 이어졌다. 나는 그분의 마음을 위로하려고 일부러 유머를 섞어가며 이야기를 나누었다. 전화를 끊기 전, 그분은 전화하기 전보다 훨씬 마음이 가벼워졌다며 고마워했다. 내가 냉면 시식하러 오라고 하니, 진짜로 배를 타고 들어오겠다고 했다.

사실 나도 항상 그렇게 맨날 '헤헤헤' 하며 살지는 않는다. 며칠 전 수영장을 가다가 골프장에서 골프 치는 사람들을 보면서 잠시 마음이 침울해졌다. '이제는 골프를 다시 치기는 어려우려나…'라는 생각이 들었기 때문이다. 푸른 초원에서 스윙하며 피칭과 퍼팅을 할 때의 기분이 떠올랐다. 그러나 이내 마음을 다잡고 '아, 나는 지금까지 골프도 많이 쳐봤으니 억울해할 것은 없네. 이 세상에 여러 가지 여건으로 골프 한번 못 치고 사는 사람이 얼마나 많은데…' 이런 생각을 하다 보니, 내 인생은 매일 축복의 날이라는 것을 깨달았다.

사고를 당한 것이 3년 전이었으니, 그전까지는 건강한 몸으로 살아온 것에 감사한다. 가끔 젊었을 때의 사진을 꺼내 보면서 '어머, 내가 이렇게 싱싱했나?' '어쩜, 이 표정 좀 봐! 모델 같네. 으흐흐…'라며 스스로를 치켜세우면서 즐겁게 살고 있다.

시 두 편

오늘은 시 두 편을 올려 본다.
첫 번째 시는 나의 첫사랑을 생각하며 쓴 것이다.

십 년에 한 번씩 울었다.
처음에는 헤어짐이 너무 힘들어 울었고
두 번째는 물리적으로 다가갈 수 없어 바라만 보다 울었고
세 번째는 너무나 편하게 그리고 무심하게 봐주기만 해도 괜찮아 기가 막혀 울었다.
이렇게 십 년에 한 번씩 울었다.

두 번째 시.

다시 태어나면 나는 남자다.
나는 다시 태어난다면 반드시 남자로 태어날 거다.
여자를 보면 무조건 귀여워해 줄 것이고
다시 보면 안아 줄 것이고
열 번 보아도 볼 때마다 처음 본 것처럼 사랑해 줄 것이다.
줄리어스 시저처럼 그렇게.

길은 여러 곳에 열려 있다

F. 스콧 피츠제럴드의 단편 8편이 수록된 '단편선'을 읽었다. 이번 여행에 가져갔던 책인데, 내용이 현대와는 많이 동떨어져 있어 다소 지루하게 느껴졌다.

작가 스콧 피츠제럴드는 1896년 미국 미네소타주 세인트폴에서 태어났다. 프린스턴대학교에 입학하자마자 학업을 중단하고 문학과 연극에 열중하여 3학년 때 자퇴했다. 그러나 그는 1920년 첫 장편소설 《낙원의 이쪽》을 발표하며 큰 성공을 거두었다. 생전에 160편 이상의 단편소설을 발표했으며, 이들은 《말괄량이와 철학자들》, 《재즈 시대 이야기》로 묶여 출판되었다. 1922년에 두 번째 장편소설 《아름답고도 저주받은 사람들》을 발표하고, 1925년 《위대한 개츠비》를 발표하면서 문단의 주목을 받았다.

하지만 그의 성공과는 반대로 개인적인 삶은 행복하지 못했다. 작가로서의 성공을 거두는 동시에 알코올 중독에 빠지고, 빚에 시달리기 시작했다. 그의 아내마저 정신병으로 입원하게 되었다. 1940년 할리우드 영화계를 다룬 《마지막 거물의 사랑》을 집필하던 중, 46세의 젊은 나이에 심장마비로 요절했다. 그의 대표작 《위대한 개츠비》는 타임지가 선정한 20세기 영문학 100선에 포함된 불멸의 걸작으로, 사랑과 청춘, 그리고 그 찬란한 영광과 슬픔을 섬세하게 담아낸 최고의 미국 소설로 평가받는다.

유명한 작가나 화가들 가운데 이렇게 화려하나 불행하게 살다 간 이들이 많다. 어떤 한 가지에 몰두하다 보면 스트레스가 심해지고, 이를 극복하기 위해 약물에 의존하게 되며 결국 파멸로 치닫는 경우가 많다.

인생을 살다 보면 죽고 싶을 만큼 힘든 고비가 없을 수 없다. 그때마다 확실히 의지할 수 있는 것이 있다면, 나는 그것이 신앙의 힘이라고 생각한다. 신앙은 내가 의지할 힘이다. 사는 것과 죽는 것을 모두 내려놓고 살아가다 보면, 인생은 매우 리드미컬해진다. 그러니까 욕심을 버리면 가벼운 마음으로 하루하루를 지낼 수 있다는 것이다. '허허허' 오늘은 마치 전도사처럼 얘기하고 있구나. 생전 하지 않던 소리다. 이 작가의 삶을 돌아보며 안타까운 마음에 하나님에 관한 이야기를 하게 되었다.

아무리 힘든 일이 생기더라도, 죽지만 말라. 길은 여러 곳에 열려 있다.

왜 우냐고 물어봐 주기

휴식하느라 침대에 누워 있는데 갑자기 눈물이 주르르 흐른다. 조금이 아닌 아주아주 많이…. 휴지를 가까이 두고 계속 닦아내는데 내 울음소리가 점점 커진다. 집에 아무도 없으니, 눈물도 편한지 두 볼을 타고 흘러내린다. 지나온 슬픔 덩어리가 겹치면서 나를 후려친다.

그래, 그랬어. 그때 나는 소리 내어 울지도 못했어.
내 방이 없어서 다락방에 기어올라가
촛불 아래 공부하다 꾸벅꾸벅 졸았지.
그 방은 여름에는 너무 덥고 겨울에는 너무 추웠지.
내가 울 때 아무도 내 곁에 다가와 "학신아, 왜 울어?"라고 물어보지 않았지.
나는 어렸고 집안에 사람은 많았지만 아무도 내 편이 되어 주지 못했지.
그때 나는 죽음은 내가 할 수 있는 최상의 성공이라고 생각했지.
결혼해서도 나는 울 일이 많았어.
옛 남편은 내가 울어도 "당신 왜 울어?"라고 물어보지 않았어.
묻지도 않았지만 어쩌면 그는 울고 있는 아내를 모른 척했을 거야.
그때 나는 정신병원에라도 누가 집어넣어 주었으면 했어.

이때도 나는 죽음을 참 많이 생각했어.

가까운 사람이 곁에서 울 때 조용히 다가가서 말 한마디 해주면 좋겠어.

"왜 울어? 내가 너의 슬픈 얘기를 좀 들어 줄게."

아프지 않은 사람이 어디 있으랴

육체적 아픔을 경험하다 보니, 이제는 몸 아픈 사람들의 이야기에 더욱 귀를 기울이게 된다. 그동안 살아오면서 아픈 사람들에게 무심했던 것 같다. 평생 건강 문제로 고생해 본 적이 없기 때문에 육체의 고통이 얼마나 심각하고 아픈 것인지 몰랐다. 나는 큰 수술을 받았거나 만성질환으로 평생 약을 먹어본 적도 없었고, 겨울에 감기도 거의 안 걸렸었다.

오늘은 집 청소를 하는 날이었다. 청소를 해주는 이는 젊고 건강한 40대의 여성으로, 체격이 좋고 일을 아주 능숙하게 처리한다. 그녀가 다녀가면 집 안이 깔끔하게 정돈된다. 청소가 끝난 후, 내가 "건강에 문제가 있어요?" 하고 물으니, "아픈 곳이 있어요"라고 답한다. 깜짝 놀라서 어디가 아프냐고 물으니, 팔꿈치를 가리키며 Elbow pain이라고 한다. 내가 "아직 젊은데…"라고 하자, 팔을 많이 써서 그렇다며 상당히 아프다고 한다.

아, 그렇구나. 청소 일이 얼마나 힘든지, 우리가 가끔 집 청소할 때도 힘들어 날짜를 잡아가며 하는데, 그녀는 매일 여러 집을 청소하니 육체적으로 힘든 것이 당연하다. 이전에는 그녀의 건강한 외모를 부러워했지만, 그녀도 육체적 고통을 견디며 일해야 한다는 걸 알게 되니 마음이 짠하다.

  이처럼 주위를 둘러보면, 겉으로는 멀쩡해 보이지만 보이지 않게 고통을 겪는 이들이 많다. 특히 허리 통증을 겪게 된 이후로 비슷한 환자들과 이야기를 나누면서, 이런 허리 통증은 완전히 치유되지 않기 때문에 고통을 끌어안고 힘겹게 살아가는 사람들이 많다는 걸 알게 되었다. 통증이 얼마나 괴로운 것인지 당해보니 이해가 간다. 통증은 사람의 혼까지 빼놓을 만큼 심각하고, 삶의 질을 망가뜨리며 때로는 삶을 포기하게 만들기도 한다. 뉴스에서 통증 때문에 극단적인 선택을 하는 사례를 자주 보게 되는데, 이제는 그런 사람들을 많이 이해하게 되었다.

  어제는 한 분이 내게 전화로 이런 말을 했다. "내가 겪는 이 고통은 암 환자가 죽어가면서 겪는 것보다 훨씬 더 심하다고 하네요. 통증약도 듣지 않으니 어떻게 더 살아갈 수 있겠어요?" 듣고 있던 나는 그분이 매우 안타까웠다.

  내가 아프니까 아픈 사람들의 모습이 이제야 보인다.

  누구든지 육체적 아픔을 겪으면 철이 드는 기간이 온다.

  심적 고통을 겪게 되면 남을 이해하는 폭이 넓어진다.

  경제적 압박을 받아본 사람은 바닥에 있는 사람을 가장 잘 이해하게 된다.

  이렇게 적어 보니, 나는 2번과 3번은 겪어보았고, 1번은 현재 진행 중이다.

  하나님께서 내가 죽기 전에 이런 경험을 골고루 겪어보라고 이 나이

에 혹독한 훈련을 시키시는 것 같다. 굳이 그러실 필요는 없지만, 으흐흐…. 그래도,

"감사합니다!"

음지와 양지

2년 넘게 알고 지낸 사람과의 점심 약속이 있었다. 약속 시간에 맞추어 집을 나서 자동차에 탔는데, 강한 햇볕 때문에 숨이 막힐 정도였다. 약속 장소에 거의 도착했을 때, 그쪽에서 사정이 생겨 한 시간 늦겠다는 문자를 받았다. '아이고' 하며 짜증이 나기도 했지만, 다시 집으로 돌아가는 대신, 근처 주차장에서 그늘을 찾아 차를 세웠다.

그늘에 들어서니 숨이 편해졌고, 차창을 활짝 열고 가져온 책을 읽기 시작했다. 제임스 조이스의 《더블린 사람들》이다. 햇빛이 나무 사이로 비치며 책 위에 알록달록한 패턴을 만들어내는 모습이 참으로 아름답다. 몸이 시원해지니 마음도 차분해지고, 약속이 늦어진 덕분에 그늘에서 책을 읽으며 상쾌한 분위기를 만끽할 수 있었다.

우리는 양지만 선호하는 것은 아닐까? 오늘은 양지보다 음지가 더 좋다는 것을 느꼈다. 삶이 항상 양지만 가득하다면 사람은 나태해지고, 남을 이해하는 폭이 좁아질 것이다. 자생력도 약해져 호강하던 시간이 사라지면 삶이 힘들어질 수 있다. 그러나 음지에서의 경험은 생활력을 키우고, 어려움을 극복할 수 있는 능력을 자연스럽게 길러준다. 음지가 항상 나쁘다고만 할 수는 없다.

약속 시간에 맞춰 만난 그 사람은 이제 이곳에서 일하지 않게 되어 자주 볼 수 없게 되었다고 한다. 사실 우리는 서로 다른 문화와 전혀 다른 직업을 가진 사이였지만, 이해관계 없이 서로를 인정하며 친구가 되었다. 아쉬운 작별을 하며 다시 만날 것을 약속했다.

약속 시간이 바뀌어 음지와 양지에 대해 생각할 기회를 주신 그분께 감사한 마음이 든다. 오늘도 대박, 매일 대박 인생! 내일도 또 대박을 터뜨릴 것이다.

지금 시작하는 작은 습관의 힘

얼마 전 구입한 책 《퓨처 셀프》를 계속 읽고 있다. 솔직히 말해 이 책이 지금의 나에게 직접적인 큰 도움은 되지 않지만, 젊은이들에게는 꼭 권하고 싶은 책이다. 특히 제3장에서 다루는 '미래의 내가 되는 7가지 원칙' 중 몇 가지는 인상 깊게 다가왔다.

매일 조금씩 더 나은 선택을 하는 것이 핵심이다.
하루에 10분이라도 독서나 운동을 꾸준히 하면 장기적으로 엄청난 변화가 일어난다. 작은 습관이 쌓여 결국 큰 결과를 만든다는 것이다. 사실 늙은이들도 늦었다고 생각하지 말고, 이제라도 좋은 습관을 기를 수 있다.

지금의 내가 미래를 결정한다.
현재의 행동과 결정이 미래의 나를 만든다. "미래의 나는 오늘의 내가 만든다"라는 메시지가 반복되는데, 이는 우리의 하루하루가 어떻게 미래로 이어지는지 명확히 보여준다.

미래를 그리며 현재를 살아라.
원하는 미래의 모습을 구체적으로 그리면, 그 비전이 현재의 행동을 이끄는 힘이 된다. 결국 목표를 분명히 설정하고, 그 목표를 향해 현재의 행동을 조정하는 것이 중요하다.

작은 노력이 쌓여 큰 결과를 만든다.
금융의 '복리 효과'처럼 우리의 선한 작은 행동들도 시간이 지나면 놀라운 성과로 이어진다.

무엇이든 지금 당장 시작하라.
완벽한 시기는 없다. 기다리지 말고, 작은 것이라도 지금 행동에 나서는 것이 중요하다. '시작이 반이다'라는 말을 떠올리게 한다.

이 원칙들은 모두 미래의 나를 만드는 데 중요한 요소들이다. 《퓨처 셀프》는 이렇게 작은 행동들이 어떻게 장기적으로 큰 변화를 만들어 내는지를 잘 보여준다.
늙었다고 해서 미래가 없다고 생각하는 사람이라면 굳이 읽지 않아도 되겠지만, 은퇴했더라도 "나는 아직 젊다"라고 생각하는 분이라면 필독을 권한다.

고생이 복이다

웬 뜬금없이 고생이 복이라고 할까?

며칠 전 집 덱을 칠하게 됐다. 그런데 집에 있던 페인트 색이 내가 원하는 것과는 거리가 멀어 잠시 망설였다. 새로 페인트를 사 오면 또 남아 창고 한편에 쌓일 게 뻔했다. 그래서 결국 창고에 모아둔 모든 페인트 통을 꺼내 하나하나 열어보았다. 다행히 아직 굳지 않은 페인트 몇 통을 골라냈고, 거기에 내가 그림 그릴 때 쓰던 아크릴 물감을 섞어보니, 놀랍게도 내 마음에 꼭 드는 색이 만들어졌다. "앗싸~" 소리가 절로 나오며 작업이 시작됐다.

이틀 전 칠하던 덱을 이어서 칠했는데, 그날은 저녁 늦게까지 붓질을 했다. 다음 날 낮에 보니 얼룩덜룩 호랑이 무늬 같은 자국이 군데군데 남아 있었다. 앞치마를 입고 열심히 칠했지만 붓이 앞치마에 자주 스치며 페인트가 묻었다. 페인트가 굳으면 지우기 힘들어 급히 칠을 멈추고 수돗가에서 앞치마를 손으로 비벼 빨았다. 웃옷에도 페인트가 잔뜩 묻어 결국 옷을 벗어두고 다시 작업을 이어갔다.

두어 시간쯤 지나니 목은 바짝 마르고 얼굴에는 땀이 흥건히 흘렀다. 그런데 그 순간 이런 생각이 스쳤다.

'만약 내가 이런 일쯤은 전문가를 불러 부담 없이 척척 해치울 수 있

었다면, 과연 지금보다 더 행복했을까?'

부자의 기준은 사람마다 다르겠지만, 대체로 통장에 돈이 수북이 쌓여 있어 무엇이든 원하는 대로 해결할 수 있는 사람을 우리는 부자라 부른다. 그들은 언제든 맛있는 음식을 사 먹으러 나갈 수 있고, 근사한 옷이나 자동차도 마음껏 살 수 있다. 겉보기에 그런 삶이 인생의 성공처럼 보일지 모른다.

하지만 그다음은? 하고 싶은 걸 다 해버린 뒤엔 무엇을 할까?

결국 기다리는 건, 세상을 떠날 날밖에 남지 않은 게 아닐까.

그에 비해 나는 오늘도 소매와 앞치마에 페인트를 묻히고, 부엌을 들락날락하며 하루를 채웠다. 작은 불편과 수고로움이 있지만, 바로 그것이 내가 아직 살아 있고 여전히 무엇인가를 해나가고 있다는 증거다. 그래서 문득 고생이 복처럼 느껴졌다.

혹시 지금 당신도 힘겹게 고생하고 있는가? 너무 심려하지 마시라.

그 고생은 당신이 살아 있다는 증거요, 여전히 행복 속에 머물고 있다는 신호다.

삶은 의외로 이런 수고스러움 속에서 가장 빛난다.

겨울을 견뎌야 봄이 온다

빅토리아의 겨울은 길고도 회색빛이다. 무려 여섯 달 동안 비가 질금질금 내린다. 그러나 캐나다가 본래 눈이 많이 오는 나라임을 생각하면, 눈 대신 비가 내리는 이곳의 겨울은 차라리 다행스럽게 여겨진다. 그래서인지 캐나다인들 가운데는 젊어서는 온타리오나 오타와 같은 직장이 많은 도시에서 살다가도, 나이가 들면 빅토리아로 이사 와 노년을 보내고 싶어 하는 이들이 많다.

낮에, 침을 맞으러 시내에 나갔는데 골목마다 벚꽃이 만발해 있었다. 작은 꽃술들이 피었다가 이미 져버린 자리에, 지금은 굵고 화려한 꽃술들이 가로수를 장식하며 봄의 절정을 알리고 있었다. 회색의 긴 겨울을 견뎌낸 자리에 찾아온 눈부신 보상 같았다.

문득 고등학교 시절이 떠올랐다. 그때는 겨울이었고, 집집마다 지금처럼 따뜻한 히터가 없던 시절이었다. 문틈으로 스며드는 얼음 바람에 오돌오돌 떨며 담요를 뒤집어쓰고 있던 어느 날, 라디오에서 들려온 한 구절이 내 마음에 깊이 새겨졌다.

"If Winter comes, can Spring be far behind?"
"겨울이 만일 온다면 봄이 어찌 멀었으리오?"

이 구절은 영국 시인 퍼시 비시 셸리(Percy Bysshe Shelley)의 시

〈서풍에 부치는 노래〉의 끝부분이다. 그는 시와 희곡, 수필과 소설까지 남긴, 영국 낭만주의 문학의 빛나는 작가였다.

　세월이 흘러 지금도 그 구절은 내 마음속에 살아 있다.

　빅토리아의 봄은 다른 어느 도시보다도 찬란하게 찾아온다. 끝없이 내리던 비의 장막이 걷히고, 거리에 꽃이 흐드러지게 피어날 때마다 나는 그 구절을 다시 떠올린다.

　인생 또한 그렇다. 겨울이 길다고, 추위가 혹독하다고, 절망할 필요는 없다.

　겨울 뒤에는 반드시 봄이 온다.

　그리고 그 봄은, 오히려 더 깊고 화려하게 다가온다.

누군가의 불쏘시개가 되어

요즘처럼 추운 계절에는 벽난로에 장작불을 지핀다. 집 전체를 데워주는 센트럴 히팅이 있기는 하지만, 벽난로의 불빛은 단순히 온기를 넘어 마음까지 따뜻하게 해준다. 장작이 타는 소리, 활활 피어오르는 불꽃, 은은히 번지는 나무 향은 그 어떤 난방 기구도 줄 수 없는 특별한 위로다.

그런데 커다란 장작은 스스로 불을 붙일 수 없다. 그 불을 살려내려면 반드시 작은 도우미들이 필요하다. 성냥불, 신문지 한 장, 지푸라기 몇 줄기, 마른 잔가지들. 보잘것없는 이 작은 것들의 희생이 없이는 결코 장작이 활활 타오를 수 없다.

가만히 생각해 보면, 인생도 이와 크게 다르지 않다. 세상에 빛나고 위대한 사람들의 뒤에는 늘 보이지 않는 누군가의 희생이 자리한다. 가장 가까이는 부모와 형제, 배우자와 가족일 것이다. 사회 속에서는 직장 동료나 함께 일하는 수많은 사람들이 그 역할을 한다. 얼굴도, 이름도 남지 않는 경우가 많지만, 그들의 노고와 헌신이 없었다면 큰 성취도 결코 가능하지 않았을 것이다.

작은 불쏘시개가 장작에 불을 붙이듯, 우리 또한 누군가에게 그런 존재가 될 수 있다. 자식이 힘들어할 때 한마디의 격려, 친구가 지칠 때 건네는 따뜻한 밥 한 끼, 이웃이 어려울 때 기꺼이 나누는 작은 도움. 그것들은 겉으로 보기엔 사소해 보이지만, 상대방의 삶을 환하게 밝히는 불씨가 된다.

커다란 장작은 화려하게 타오르며 사람들의 시선을 끌지만, 그 시작은 늘 작고 보잘것없는 불쏘시개다. 그러니 작은 것의 가치를 우습게 여기지 말자. 작은 희생, 작은 친절, 작은 나눔이 모여 누군가의 인생을 바꾸고 세상을 따뜻하게 만든다.

장작불이 벽난로 안에서 타오르듯, 우리의 삶도 그렇게 서로의 불씨가 되어주며 더 환하고 따뜻하게 빛날 수 있다.

편집 후기

내가 엘리샤의 '아일랜드 이야기' 읽기에 맛을 들이기 시작한 때는 '아일랜드 이야기'가 2천2백 회를 넘어설 즈음이다. 오육 년 전인 그 당시 일흔을 바라보던 엘리샤는 소녀였고, 여인이었고, 엄마였고, 할머니였고, 친구였고, 하나님의 딸이었다. 지금도 그러하다.

엘리샤는 글이 되는 하루를 산다. 산책길의 아무렇게나 널브러져 누구도 눈길 한번 주지 않을 것 같은 돌맹이에, 들꽃에 글을 입힌다. 부셔버릴 기세로 덤벼드는 거친 폭풍을 글로 주저앉힌다. 선홍빛 김칫국물에, 한여름 별미 왕사발 냉면에, 마당에 풀어 놓은 암탉 네 자매에게도 연필 끝으로 말을 건다. 아일랜드 이야기가 4천7백 회 가까이 넘어가는 오늘도 엘리샤는 사랑하고, 감사하고, 기도하고, 고민하고, 도전하는 자신의 일상에 한 자 한 자 글을 놓는다. 한 땀 한 땀 수를 놓듯.

그런 그가 이번에 또 일을 저질렀다. 못 말리는 엘리샤! 그 수많은 이야기를 솎아내고 또 솎아내어 책으로 엮어 내는 일에 도전장을 던진 것이다. 책 출판이라는 도전 열차의 기관장 엘리샤는 내게 편집자라는 특별승차권을 내밀었다. 그의 인생에 무임승차한 기분이다. 엄마의 우악스러운 손에 이끌려, 겁에 질린 일곱 살 어린 엘리샤의 무임승차가 아닌, 기관장의 특별승차권을 손에 쥔 당당한 무임승차! 독자에서 편집자로 옷을 갈아입고서 말이다.

오탈자를 수정하고 문장을 자르고 붙이는 과정은 일곱 살 어린 엘리샤가 부산에서 서울까지 12시간이나 서서 가야 했던 지루한 완행열차가 아닌, 밴쿠버에서 토론토까지 완행하는 트랜스 캐나다 관광 열차였다. 로키의 깊숙한 산골짜기로, 프레리의 광활한 벌판으로, 오대호의 푸른 물빛으로 가까이 다가갈 수 있었다. '아일랜드 이야기' 속의 단어 하나에서 문장 하나에서 독자로서 맛보지 못한 소중한 경험이었다.

인생의 선배이자, 서로 다른 시대 그리고 같은 시대를 살아가는 동반자인 엘리샤는 중구난방 천방지축으로 살아 뛰는 글을 통해 읽는 이들에게 용기와 영감을 주는 사람이다.

엘리샤 인생 열차에 당당히 무임승차한 사람,
꿈꾸는 들꽃 이재랑.

발문

삶이 된 예술, 예술이 된 삶
— 엘리샤 리와 《아일랜드 이야기》

박양근(문학평론가)

우리가 어린 시절 《이상한 나라의 앨리스》로 환상의 문을 열었다면, 엘리샤 리의 《아일랜드 이야기》는 그 환상을 현실 속에서 다시 불러낸 산문 일기첩이다. 눈앞에 펼쳐진 실제는 삶이라 부르기엔 너무도 눈부시고, 때로는 초현실적인 이야기로 가득하다.

한국을 떠나 캐나다 에드먼턴, 그리고 미국 LA를 거쳐 다시 캐나다 빅토리아에 정착하기까지, 그리고 그 후 25년, 그녀는 홀로 불꽃 같은 의지로 반세기를 건너며 숱한 역경을 자신만의 화술로 풀어냈다.

이 산문집 속에서 50년의 세월은 푸른 바다처럼 출렁인다. 트렁크 하나 들고 태평양을 건넌 젊은 여인이 하루하루를 성실히 살아내며 운명의 파도와 맞섰다. 그리고 마침내 《아일랜드 이야기》를 손에 쥔 채 한국행 비행기에 오른다. 긴 흑발과 싱그러운 미소로 빛나던 여인은 어느덧 흰머리와 주름을 지닌 우아한 노인이 되었지만, 4천7백 회를 넘긴 일지 속에서 반세기의 세월은 다시금 환한 빛으로 살아난다.

인간이라면 누구나 존재를 증명하기 위해 치열하게 살아간다. 그러나 엘리샤의 시간은 자신이 아니라 타인을 향해 흘렀다. 그녀의 발길이 닿는 곳마다 교회와 이웃, 예술과 나눔이 꽃처럼 피었다. 그림을 그리고 글을 쓰며, 김치를 담그고 비누를 빚어 나누었으며, 아이들과 노인을 돌보고, 아프리카 교실 기금 바자회와 아일랜드 나이트 축제를 일구었다. 그녀가 서 있는 자리마다 사랑과 열정이 물결쳤다.

"손이 놀면 근질근질하다." 늘 그렇게 말하던 그녀는 쉼 없이 그림을 그리고 글을 썼다. 글은 눈물과 웃음을 기록하며 독자에게 삶의 질문을 던지고, 그림은 색채와 선으로 인생의 문양을 새겼다. 이 일기첩은 단순한 산문집을 넘어, 인생과 문학을 잇는 예술적 증거가 된다.

그녀의 삶은 여러 장면으로 이어진다. 20대, 미8군 장성과 포크댄스를 추던 눈부신 여인. 30대, 성당 벽화 앞에서 신성한 빛을 그리던 화가. 40대, 캐나다 신사에게서 〈제비꽃 당신〉을 시로 선물 받은 매혹적인 여인. 70대, 교통사고로 죽음의 문턱을 넘으면서도 감사의 기도를 올린 신앙인. 굽이굽이 곡강의 인생을 건너며 그녀는 한순간도 빛을 잃지 않았다. 마치 "이상한 나라의 별"처럼.

그러하기에 《아일랜드 이야기》는 흔한 일지가 아니다. 인간의 의지와 신의 보살핌으로 살아낸 여인만이 남길 수 있는 자화상이다. 글과 그림마다 봉사와 헌신, 신앙과 사랑이 어우러져 독자에게 깊은 울림을 전한다.

이제 엘리샤 리는 앤티크한 교회 벽화 같은 나이에 접어들었다. 그러나 그럴수록 그녀의 이야기는 생의 향기를 더욱 진하게 풍긴다. 마지막 장을 덮는 순간 독자는 깨닫게 될 것이다. 누군가의 인생이 예술이 될 수 있으며, 고흐의 별처럼 우리 곁을 비출 수 있음을.

손녀의 고백, "할머니의 예술성은 정말 놀라워."
그 한마디야말로 그녀의 평생 서사를 가장 진솔하게 압축한다.
삶을 예술로 빚어낸 집념, 그것이 바로 《아일랜드 이야기》다.

그리고 우리는 책장을 덮는 순간 깨닫게 된다.
누군가의 생은 예술이 될 수 있으며, 그 예술은 별빛처럼 어둠 속에서도 길을 밝혀준다는 것을.